Theodor Pyl

Das Rubenowbild der Nikolaikirche zu Greifswald

Theodor Pyl

Das Rubenowbild der Nikolaikirche zu Greifswald

ISBN/EAN: 9783743613058

Hergestellt in Europa, USA, Kanada, Australien, Japan

Cover: Foto ©ninafisch / pixelio.de

Manufactured and distributed by brebook publishing software
(www.brebook.com)

Theodor Pyl

Das Rubenowbild der Nikolaikirche zu Greifswald

Das
Rubenowbild
der Nikolaikirche zu Greifswald,

Rubenows Denkstein in der Marienkirche,

das Album, die Annalen und Scepter

der Universität,

die Handschriften und Urkunden

der Bibliothek der Nikolaikirche

zu Greifswald

aus Rubenows Zeit

beschrieben

von

Dr. K. Th. Pyl.

———— •◆• ————

Greifswald,
im Verlage von Reinhold Scharff.
1863.

Das Rubenowbild der Nikolaikirche zu Greifswald.

Im Jahr 1460 ehrte Rubenow das Andenken seiner Freunde, der Professoren Amsterdam, Bobeker, Tilemann, Bolen, Segeberg und Lamfide, die ihn bei der Gründung der hiesigen Universität unterstützten, durch ein Gemälde in der Nikolaikirche. Das Gemälde nebst der Unterschrift ist auf sechs Eichenbrettern, von 6 Fuß Breite, gemalt, welche durch Leisten an der Rückseite zusammengehalten und von einem 4½ Zoll breiten, ausgekehlten, eichenen Rahmen eingeschloßen werden. Die Höhe des Gemäldes beträgt 3 Fuß, die der Inschrift 9 Zoll, die der Figuren, welche stehend abgebildet sind, 2 Fuß bis 2 Fuß 5 Zoll. Die Malerei des Bildes hat bei der Zerstörung der Kirchengewölbe durch den wiederholten Einsturz des Nikolaithurms im Jahr 1515 und 1650 [1], auch wohl durch die ungünstige Lokalität, eine Capelle an der Südseite der Nikolaikirche, endlich auch ohne Zweifel durch das hohe Alter von vierhundert Jahren sehr gelitten. Wahrscheinlich ist bei der Wiederherstellung der Kirche im Jahr 1531 und 1653 auch das Gemälde restaurirt, vielleicht von dem Maler Anton Schmid, der als Verfertiger zweier neuer Bilder für die Kirche erwähnt wird. In Folge dieser Restauration läßt sich die Art der Farbe nicht genau bestimmen. Wahrscheinlich war das Bild mit Temperafarbe gemalt, die an den dick aufgetragenen Stellen der Gewänder vielfach abgeblättert, in den Gesichtern aber noch gut erhalten ist. Aus der Zeichnung und sorgfältigen Ausführung der Gesichter in einer Höhe von 3 Zoll, welche auf Portraitähnlichkeit schließen läßt, kann man entnehmen, daß der Künstler zu den Beßeren seines Fachs gehörte. — Die Composition des Gemäldes ist sehr einfach. In der Mitte des Bildes schwebt Maria mit dem Christuskinde auf Wolken in einem Strahlenkranze; sie ist mit einem weißen Kleide und blauem Mantel dargestellt. Auf dem Haupte trägt sie eine gezackte, mit Edelsteinen verzierte Krone, vom Heiligenscheine eingeschloßen. Diesen hat auch das von Maria getragene, mit Windeln umkleidete Christuskind. Zu beiden

---

1. Vgl. Decanatbuch fac. art. fol. 94 v. Koseg. II. p. 253. Album II. fol. 53 v. fol. 299 v. Bieberstedt Gesch. d. Nikolaikirche, 1808 p. 18—37.

Seiten stehen Rubenow und die erwähnten sechs Rostocker Professoren, welche ihre Hände betend zur Maria erheben. Neben Rubenow kniet ein bärtiger Mann mit entblößtem Haupte im rothen Mantel. Er trägt in den Händen ein Scepter und einen Pergamentstreifen, auf welchem das an Maria gerichtete Gebet steht:

Ora vere pia pro nobis Sancta Maria.

Er ist um die Hälfte kleiner als die übrigen Personen darge= stellt und wahrscheinlich ein Universitätsdiakon, der im Namen der Professoren dieses Gebet spricht. Diese Personen haben Alle Pergamentsstreifen in den Händen, auf welchen ihre Namen und Würden verzeichnet stehn. Auf diesen bemerkt man noch Spuren von Vergoldung. Es ist daher möglich, daß auch diese, ebenso wie der Strahlenkranz der Maria und das Scepter, vergoldet waren. Die

---

2. In früheren Beschreibungen des Bildes (Cramer Pomm. Kirchen= chronik 1603, II. c. 31. p. 107, Rostocker Etwas 1738 p. 74; Dähnert Pomm. Bibliothek IV. p. 286; Scheffel vit. prof. med. Gryph. p. 6; Dähnert Geschichte der Akademie Greifswald, 1756 p. 119; Biederstedt Beiträge zur Gesch. der Kirchen u. Prediger in Neuvorpommern IV. p. 19. Geschichte der Nikolaikirche p. 48.) wird der kniende Diakon als Herzog Wartislaw IX. aufgefaßt, wahrscheinlich, weil man das Scepter als Zeichen seiner herzoglichen Würde faßte. Das Scepter wurde aber nicht von den Herzogen, sondern nur vom Kaiser und König und geistlichen Wür= denträgern geführt. Als solcher geistlichen Körperschaft gebührt es nun eben den Universitäten, und wird von ihren Pedellen getragen, welche mit rothen Mänteln bekleidet sind. Außerdem paßt auch die verkleinerte Gestalt und kniende Stellung ebensowenig, wie das rothe Gewand zur Darstellung des Herzogs, ausgenommen wenn man ihn als Donatar des Bildes faßte. Ein solcher ließ sich allerdings verkleinert und kniend darstellen. Herzog War= tislaw IX. kann aber nicht als Geber des Bildes angesehen werden, weil er schon 1457 starb und das Bild erst nach 1460 gemalt wurde. Auch beklagt Herzog Philipp Julius in einem Briefe, daß er von seinen Vorfahren vor der Reformation gar keine Portraits kenne. Auf dem Rectorsiegel der Universität (Rosegarten II. tf. IV. 19) kniet ein ähnlicher Diakon vor einer Figur im Rectormantel, die vielleicht Rubenow vorstellt, und trägt das Scepter. Auf einem älteren Siegel (Rosegarten II. tf. III. 15) trägt der Rector selbst eine Nachbildung des erhaltenen Universitätsscepters. — Bei der Restauration des Gemäldes in protestantischer Zeit, wo man ein Gebet an die Maria nicht für angemessen hielt, ist auf dem Pergament= streifen des Diakon über Sancta Maria — Nate Maria geschrieben, man liest Sancta aber noch deutlich darunter. Schon Cramer lies 1603 Nate.

reliefartig erhobene Spitze des Scepters scheint den Kronen der noch erhaltenen Universitätsscepter jener Zeit nachgebildet zu sein. — Der Rahmen des Bildes war ebenfalls vergoldet, und wurde später schwarz überstrichen, man kann aber noch deutlich die Spuren der Vergoldung erkennen.

Die Reihe der dargestellten Personen beginnt mit Rubenow. Die Inschrift seines Pergamentstreifens lautet:

1) Henricus Rubenow, J. U. Doctor, Universitatis Gryphiswaldensis, eius ductu ab Illustrissimo Principe Duce Wartislao jr apertae, Primus Rector.

Rubenow ist, nach der Inschrift zu urtheilen, in der Tracht des Rectors dargestellt. Er trägt ein schwarzes, mit Hermelin besetztes Gewand, das am Halse mit einem breiten eckigen Ausschnitt versehen ist und darunter ein gefaltetes, weißes Vorhemde sehen läßt. Ueber dem Untergewande trägt er den rothen, mit Goldstickerei verzierten Rectormantel, mit zwei nach Art der Stola vorn herabhängenden, schmalen Streifen und auf dem Haupt ein mit Hermelin verziertes Barret, dessen Farbe nicht mehr deutlich zu erkennen, früher aber wohl roth gewesen ist. Haar und Bart Rubenows, der im Jahr 1460 ungefähr sechszig Jahr alt war, ist weiß.

2) Dominus Nicolaus Amstredam, Artium Liberalium Magister, Sacrae Theologiae Baccalaureus ac Juris, Quotlibetarius Rostochii. [3]

Amsterdam hat ebenso, wie Rubenow, weißes Haar und weißen, kurzen Bart und trägt eine schwarze, mit Hermelin gefutterte Gewandung, die auch das Haupt bedeckt.

---

3. Amsterdams Name wird abwechselnd Amsterdam, Amstredam, Amstaldam und Amstelredam geschrieben. Bei Kosegarten und in den älteren Geschichtswerken (Siehe p. 2. Anm. 2.) steht statt ac juris — primus, welches wahrscheinlich deshalb so gelesen ist, weil die Inschrift auf dem Pergamentstreifen des Prof. Lamside primus quottlibetarius lautet. Es ist aber deutlich ac juris zu lesen und auch nicht anzunehmen, daß Amsterdam der erste Quotlibetarius in Rostock gewesen, weil diese Universität schon seit 1419 bestand, während Lamside der erste Professor in Greifswald war, der diese Würde erlangte. Quotlibetarius ist die Bezeichnung der facultas de quolibet disputandi, einer Würde der Philosophischen Fakultät. (Vgl. Kosegarten I. p. 3, 29, 84, 110 Anm. 6. Kink. Gesch. d. Univ. Wien I. p. 76). Der Quotlibetarius mußte nicht allein über alle Sätze, die ihm vorgelegt wurden, sondern auch über denselben Satz pro et contra disputiren.

3) Dominus Bernhardus Boddeker, Artium Liberalium Magister, Medicinae Licentiatus, Sacrae Theologiae ac Juris Canonici Baccalaureus.[4]

Bodeker ist im rothen, hermelinbesetzten Gewande, mit kurzem, rothem Kragen dargestellt, wohl in Bezug auf seine Stellung als Licen=tiat der Medicin. Auf dem Haupt trägt er ein weißes Barret, welches nach hinten herabhängt, und einen grünlichen Umhang.

4) Dominus Tilemannus Johannes, J. U. Doctor, Canonicusque Ecclesiae Metropolitanae Rigensis.

Tilemann trägt ein blaues, hermelinbesetztes Doppelgewand mit kurzem, blauem Kragen und langen, blauen Aermeln und ein rothes, stehendes Barret. Die Aermel seines weißen Untergewandes sind mit braunem Pelz besetzt.[5]

5) Dominus Wilkinus Bolen, Decretorum Doctor, Canonicusque Ecclesiae Cathedralis Soerinensis.[6]

Bolen ist im weißen, hermelinbesetzten Gewande mit langen Aermeln und kurzem, rothem Kragen dargestellt. Die Aermel seines weißen Untergewandes haben einen gestickten Besatz. Auf dem Haupt trägt er, ebenso wie Tilemann, ein rothes Barret. Die sehr ähnliche Tracht Beider scheint die eines Canonicus zu sein.

6) Dominus Bartoldus Segeberg, Artium Liberalium Magister, Consul hic, post Decanus facultatis Artium Universitatis Gry=phiswaldensis.[7]

Segeberg trägt ein grünliches, hermelinbesetztes Gewand, mit kurzem Kragen und mit einem rothem Umhang, und auf dem Haupt ein weißes Barret wie Bodeker. Segeberg war Rathsherr in Greifswald und erster Decan der Philosophischen Facultät.

---

4. Bodekers Name wird auch Buddeker geschrieben. Kofeg. II. p. 293.

5. Von Tilemann besitzt die Universität ein Brustbild in Lebensgröße, welches nach diesem Gemälde copirt sein wird. Zwischen Bolen und Tilemann schwebt das Bild der Madonna im Strahlenkranze auf Wolken.

6. Bolens Name ist undeutlich, man kann Bolen, Bolle, Bohle, aber incht die ältere Lesart Bole annehmen, da man fünf Buchstaben erkennt. Ich schreibe den Namen Bulen nach dem von Kofeg. I. p. 33. mitgetheilten Collegienheft des Harneid von Wrestede nach Bolens Vorlesung 1439 in Greifswald geschrieben, und nach Rubenows Rede vom Jahr 1460 ed. Brockmann 1793 p. 4., wo Bolen steht.

7. Vgl. Oesterding Fortf. d. Beitr. z. Gesch. der St. Greifsw. p. 118. Dekanatbuch fac. art. fol. 1; Kofeg. II. p. 203. Segebergs Name wird auch Zegeberch und Zegeborgh geschrieben.

7) Dominus Johannes Lamside, Artium Liberalium Magister, Sacrae Theologiae Baccalaureus, postque Scholasticus hujus Ecclesiae, nec non primus Quotlibetarius Gryphiswaldensis.[8]

Lamside trägt, ebenso wie Amsterdam, eine schwarze Gewandung, welche auch das Haupt bedeckt.

Die Unterschrift des Bildes enthält zwölf nach Art des Versus Leoninus in der Mitte und am Schluß gereimte Heхameter:

Anne milleno quater et centum ter duodeno,
His tum conjungo de toftoď tempore ditо
Translati studij; defunguntur studiofi
Quatuor hy primi, duo sed moriuntur et imi
Anno milleno quater et centum feraqueдeno,
Lumina qui mundi, facundi, mente profundi,
Cum quibus electis similes vir nunc habet orbis.
Sunt hic tres primi cum postremo tumulati,
Defunctum quartum sepelit domus ipsa minorum,
Virginis in templo cessit tumulatio quinto.
Omnibus his Christe tribuas salvator inire
Regnum celeste, baratri non morte perire.

— Im Jahr 1436 —

Einstmals in schrecklicher Zeit, als die Hohe Schule von Rostock hier nach Greifswald verlegt, vereinigte ich mich mit diesen Sternen der Wißenschaft, deren Glanz die Erde erleuchtet, Auserwählten an Geist, an Tiefe und Gabe der Rede. Lange schon raubte der Tod uns Vier der gelehrten Genoßen jüngst auch die Letzten im Jahr Eintausend Vierhundert u. Sechszig; Hier in Sanct Nikolaus ruhn die ersten Drei mit dem Letzten, doch den Vierten begrub man im Kloster der Minoriten, endlich der Fünfte ruht im Tempel der Jungfrau Maria. Allen verleihe, o Herr, die Gnade des Himmlischen Reiches.

Da die schon erwähnte, nach einer Abschrift Prof. Parlebergs (1468) in der Nikolaikirchenbibliothek, von Brockmann 1793 heraus-

---

8. Dominus fehlt in der Mittheilung der Inschrift bei Kosegarten, steht aber auf dem Pergamentstreifen unter der Hand in sehr verblichenen Zügen. Bei Rubenow dem Stifter des Bildes ist Dominus vielleicht aus Bescheidenheit weggelaßen, ebenso das Verzeichniß seiner Würden mit Ausnahme des Doctorgrades und seines Verhältnißes zur Stiftung der Universität. Die gleiche

gegebene Rede Rubenows mehrere ähnlich gereimte Verse enthält, so liegt die Vermuthung nahe, daß auch diese zwölf Verse der Unterschrift des Bildes von Rubenow selbst verfaßt sind[9].

Das Todesjahr der Professoren Amsterdam, Bodeker, Tilemann und Bolen ist unbestimmt, das von Segeberg und Lamsibe ist, nach dem Dekanatbuch fac. art. fol. 5, das Jahr 1460. Lamsibe als Scholastikus der Nikolaikirche wurde im Chor derselben bestattet, wo früher Amsterdam, Bodeker und Tilemann beigesetzt waren, Bolen in der Minoritenkirche, wo auch Rubenows Gruft war, Segeberg in der Marienkirche. Zwischen 1460 und 1462 fällt die Entstehung des Bildes.

Eine verkleinerte Copie des Gemäldes in Oelfarben aus späterer Zeit, ohne die Unterschrift und mehrere Einzelportraits Rubenows besitzt die Universität, ohne getreue Wiedergabe der Portraitähnlichkeit. Sie sind sämmtlich verzeichnet, und nur decorationsmäßig ausgeführt. Nach dem Bilde auf der Bibliothek, welches dem Original am nächsten kommt, ist eine Zeichnung von Professor Titel ausgefertigt und in einer Lithographie von C. A. Hube, Biesners Leben Rubenows beige-

---

schwarze, geistliche Tracht, in welcher Amsterdam und Lamsibe erscheinen, bezieht sich wohl auf ihre Würde als Baccalaureus der Theologie. Scholasticus hujus ecclesiae bedeutet ein Schulamt, welches Lamsibe bei der Nikolaikirche, in welcher das Bild hängt (daher hujus ecclesiae) bekleidete. Ueber die verschiedenen Würden des Magister artium liberalium und des quodlibetarius; des licentiatus, welchen Grad Bodeker in der Medicin bekleidete, sowie über den baccalaureus, und den doctor, der in der Rechtswißenschaft entweder in beiden Rechten (utriusque juris), oder nur im geistlichen Recht (decretorum i. e. juris canonici), oder im weltlichen Recht (legum i. e. juris civilis) erworben wird, vgl. Koseg. 1. p. 1—7. Tilemann und Bolen waren Beide canonicus, das ist Domherr, jener beim Dom zu Riga, dieser beim Dom zu Schwerin.

9. Ich habe die Inschriften des Bildes, welche bei Koseg. 1. p. 37 ff. abgedruckt sind, mit dem Original verglichen, und nach dessen Orthographie berichtigt. Die Inschriften sind bei der Restauration aufgefrischt, vielleicht auch hier und da in der Orthographie verändert, ich hielt es aber für angemeßen, diejenigen Lesearten beizubehalten, welche jetzt auf dem Bilde sichtbar sind, und habe auch deshalb die großen Buchstaben wiedergegeben, welche nicht nur bei Eigennamen und Würden, sondern auch bei Adjectiven, die zur Bezeichnung der Würde dienen, vorkommen. Manche Worte, wie

geben. Diese Copie hat den Rectormantel des Originals getreu
nachgebildet, und die Fehler in der Zeichnung verbeßert. Sie
gibt namentlich den Ernst und kräftigen Character Rubenows wieder.
Nach einem anderen Bilde, welches früher in der kleinen Aula
hing, jetzt im Lesezimmer, ist eine Photographie von F. Boeck und
nach dieser von Wilbt die Kosegartens Geschichte der Universität
beigegebene Lithographie von Rubenow mit der Unterschrift: Henricus Rubenow plantator studii Gryphiswaldensis angefertigt.
Dieselbe zeigt einen anderen, mit Hermelin besetzten Rectormantel
und gibt alle Verzeichnungen und Mängel der Copie wieder. Das
Wappen, welches man auf dem Hintergrunde des Oelbildes sieht,
ist in der Lithographie weggelaßen[10].
    Auf dem Gemälde, welches Prof. Dr. O. Heyden der Uni-
versität 1856 zur Jubelfeier schenkte, und welches die Stiftung der
Universität darstellen soll, ist die Figur des Prof. Amsterdam ge-
schickt aus dem alten Bilde der Nikolaikirche verwendet, Rubenows
Persönlichkeit aber, abgesehen von ihrer unangemeßnen, knieenden Stel-

---

Bolens Name, J. U. bei Tilemann sind in einigen Buchstaben fast er-
loschen. Die Orthographie der Unterschrift ist insofern von der in den Pergamentstreifen des Gemäldes verschieden, als nur die Anfangsbuchstaben
der Verse groß, alle Worte aber klein geschrieben sind. Auch wechselt die
Form des r zwischen der alterthümlichen und gewöhnlichen Form, die Pergamentstreifen haben nur die gewöhnliche Form; auch wechselt hys mit his.
Der Achte Vers ist in der Unterschrift corrumpirt in Sunt hic tres cum
postremis primi tumulati. Hierdurch wird der Reim zwischen primi in
der Mitte und tumulati am Ende gestört, auch paßt die Zahl der Begräb-
nisse zu der Zahl der Personen auf dem Bilde nicht, denn 3 erste mit 2
letzten, ein 4ter und 5ter giebt 7, während nur 6 auf dem Bilde stehn.
Rubenow kann nicht zu den ersten in der Nikolaikirche Beerdigten mitgerech-
net werden, weil er 1463 in der Minoritenkirche bestattet wurde. Auch wird
im Decanatbuch f. 5. (Koseg. II. p. 206) nur von Lamsīde berichtet, daß er an
demselben Orte vor dem Altar beerdigt sei, wo früher Amsterdam,
Bobeker und Tilemann bestattet waren. Für tum vermuthet Koseg.
I. p. 39. möchte wo gestanden haben, allerdings ist tum überflüßig und er-
wartet man bei conjungo me. Christe ist χρe geschrieben. Die Unterschrift ist mit gelber Farbe auf schwarzem Grunde aufgefrischt, und können
daher Irrungen im Text und in der Orthographie entstanden sein.
    10. Wenn Kosegarten Gesch. der Univ. I. Vorrede p. XI. sagt, das
Bildniß Rubenows sei aus dem p. 36. beschriebenen alten Gemälde in St.
Nikolai entnommen, so beruht das auf einem Irrthum.

lung, nicht nach dem Originalgemälde, sondern mit einem fremden, nicht einmal in gleichem Charakter gehaltenen Studienkopf gemalt. Der Bildhauer A f i n g e r arbeitete das Portraitmedaillon am Monumente auf dem Rubenowplatz in Greifswald nach dem Originalbilde, und hat namentlich den ernsten Charakter desselben wiedergegeben. Eine verkleinerte Copie des Gemäldes in Waßerfarben und ein nach dem Original gearbeitetes Einzelbild Rubenows in Oel, beide von G. F. B o l t e, sind in meinem Besitz. Auf dem letzteren sieht man Rubenows Wappen auf einem Vorhange, und hinten durch ein geöffnetes Fenster den Fischmarkt, das Rathhaus, das von der Ostensche Giebelhaus, jetzt im Besitz der Familie Weißenborn, die Rathsschreiberei, jetzt städtische Töchterschule, und den Festzug, in welchem die Personen des alten Gemäldes dargestellt sind. Das alte R u b e n o w b i l d d e r N i k o l a i k i r c h e wurde auch von mir in photographischer Nachbildung mit kurzem erklärenden Text herausgegeben und zwar am 20. Juni 1863, als Gedenkblatt zur Jubelfeier der funfzigjährigen Amtsführung des Herrn Geheimerath Dr. S c h ö m a n n, Professor der classischen Litteratur und Alterthumskunde an unserer Universität.[11] Nach dem Originalbilde der Nikolaikirche zeichnete für mich auch der hiesige Gymnasiallehrer C. A. H u b e das Brustbild Heinrich Rubenows in derselben Größe. Dasselbe ist mehrfach photographisch nachgebildet und auch in Lithographien von Winkelmann u. S. in Berlin vervielfältigt, welche meinem Drama als Titelblatt beigegeben sind. Wir besitzen in Herrn Hube's Zeichnung das erste nach dem Original gemalte Bild, welches Rubenows Züge auch in ihrem eigenthümlichen Charakter, der aus Ernst, Schmerz und Güte gemischt ist, getreu und künstlerisch darstellt. Auch die Lithographie gibt dieselben, abgesehen von den Mängeln, welche die Correctur bei der Entfernung des Druckorts nicht beseitigen konnte, im Ganzen wieder. Die unter dem Brustbilde befindliche Namensunterschrift Heinrich Rubenows ist aus der bei Kosegarten II. p. 54. 55. abgedruckten Urkunde No. 26. vom 31. December 1455 und zwar nach dem auf Taf. IV. No. 16. von Herrn H u b e copirtem Facsimile derselben entnommen.

---

11. Das R u b e n o w b i l d der Nikolaikirche zu Greifswald, in photographischer Nachbildung, herausgegeben von Dr. P y l, Greifswald im Verlage von Reinhold S c h a r ff. In demselben Verlage erschien: G r e i f s w a l d im Jahr 1552, Photographie nach einem Gemälde von C. A. H u b e.

Der auf dem alten Gemälde abgebildete Rectormantel ist im
Lauf der Zeiten vergangen. Im Jahr 1619 schenkte der Herzog
Philipp Julius von Pommern der Universität einen neuen Mantel
von rothem Sammet, welcher noch im Besitz derselben ist. Auf dem=
selben befinden sich die neun Pommer'schen Wappen in Goldstickerei, dar=
unter 7 Greifen für Stettin, Pommern, Kassuben, Wenden, Usedom,
Barth u. Wolgast (Vgl. Biesner Gesch. Pomm. 1834 p. 351), ferner der
Löwe auf der Mauer für Rügen und das Kreuz mit den Rosen für Gütz=
kow. Die Inschrift lautet: Philippus Julius dei gratia dux Stettinen-
sis Pomeraniae, Cassuborum et Vandalorum, Princeps Rugiae,
Leoburgensium ac Butowiensium dynasta, vestem hanc rectoralem
universitati suae Gryphiswaldensi donavit anno MDCXIX. Nach
diesem Mantel ließ König Friedrich Wilhelm IV. 1853 einen gleichen
anfertigen, der jetzt im Gebrauch ist und dieselben Wappen und Inschrif=
ten hat, nur daß der Name und die Jahreszahl des Gebers verändert wurde.

Außer diesem Mantel trägt der Rector den goldenen Ring Bogis=
law XIV. des letzten Pommer'schen Herzogs, welcher 1637 zu Stettin starb
und der Universität den großen Gütercomplex des Amtes Eldena schenkte. [12]
Der Ring zeigt in goldener Fassung mit schwarzen Verzierun=
gen einen Amethyst mit dem Pommer'schen Wappen und der Inschrift
B. H. Z. P. d. h. Bogislaw, Herzog zu Pommern. Außer dem Ringe
trägt der Rector eine goldene Kette mit einem goldenen Medaillon. [13]
Dieses zeigt im Kostüm jener Zeit die Brustbilder der Herzogin
Anna, einer Schwester Bogislaw XIV. und ihres Gemahls des Her=
zogs Ernst von Croy. Die Inschrift der einen Seite des Medaillons lautet:

---

12. Bogislaw schenkte 1626 die Güter Grubenhagen, Pansow, Weiten=
hagen, Subzow und 1634 Eldena, Neuendorf, Kemnitz, Kemnitzerhagen,
Dietrichshagen, Koitenhagen, Friedrichshagen, Schönwalde, Dersekow, Un=
gnade, Levenhagen, Hennekenhagen, Leist, Wampen, Neuenkirchen, Ladebow,
Wyk, Hanshagen, Kessin, Radelow, Turow, zusammen 25 Güter.

13. Kette und Ring, sowie der Croyteppich, welcher die Vermählung
Philipp I. von Pommern mit Maria von Sachsen durch Dr. M. Luther dar=
stellt, wurden der Universität 1687 von Anna's Sohn Ernst Bogislaw
von Croy geschenkt. Die Universität feiert alle 10 Jahre, seit dem Tode der
Herzogin Anna im Jahr 1660, ihr und der Herzoglichen Pommer'schen Familie
zu Ehren das Croyfest, wobei der Teppich ausgestellt wird.

Der Croyteppich erschien in photogr. Nachbildung m. e. kurzen Be=
schreibung von mir, 1861 Greifsw. bei R. Scharff. (Vgl. Schildener Akad.
Zeitschr. 1822. 1. p. 100—138 m. e. Lithographie; Pyl, Kunstblatt 1855 p. 230).

Ernestus a Croy, Anna a Pomerania. Auf der andern Seite sind zwei Arme dargestellt, welche sich die Hände reichen, über ihnen ein Engelkopf mit Flügeln und der Umschrift: non e solo, sed e coelo — d. i. die Ehe sei im Himmel geschloßen.

Rubenows Denkstein und Wappen.

Die Gruft der Familien Rubenow und Hilgemann befand sich im Chor der Kirche des grauen Klosters in der Nähe des Altars, wo ein gemeinschaftlicher Grabstein die Gräber Heinrich Rubenows und seiner Gattin bedeckte. Außer diesem Grabstein befand sich, nicht im Chor, sondern in der Kirche selbst, welche ein gleichseitiges Viereck bildete, an der westlichen Wand ein Denkstein Rubenows, 5 Fuß hoch und 2¼ Fuß breit[14]. Auch von diesem Denkmal besitze ich eine ebenso treu als schön ausgeführte Zeichnung, welche Herr Gymnasiallehrer C. A. Hube nach dem Original in der Marien- kirche, wo sich dasselbe jetzt in der nördlichen Wand eingemauert befindet, ausgeführt hat, und welche, in lithographischer Nachbildung durch Winkelmann u. S., dieser Beschreibung beigelegt ist.

In der Mitte des Steines ist Christus an einem aegyptischen Kreuz mit langem Haar und Bart, mit der Dornenkrone und einem Heiligenschein dargestellt. Er trägt das Lendentuch, die beiden Füße sind mit Einem Nagel befestigt. Ueber seinem Haupt sieht man die Inschrift i. n. r. i., so wie vier runde Kugeln und zwei Sterne, vielleicht mit Bezug auf die Trauer der Gestirne über Christi Leiden. Man findet nämlich in der älteren Zeit z. B. an den Egstersteinen, und den Dürerschen Holzschnitten Sonne und Mond mit trauerndem Gesicht, umgeben von Sternen, abgebildet. Vielleicht sollen die beiden mitt- leren Kugeln Sonne und Mond darstellen; hinsichtlich der beiden Kugeln rechts hat der Bildhauer, der auch außerdem manche technische Unrichtigkeiten und Ungleichheiten beging, vielleicht vergessen, dieselben zu ähnlichen Sternen umzuarbeiten, wie die an der linken Seite. Links vom Kreuze hält Johannes die ohnmächtig hingesunkene Maria. Beide

14. Vgl. Kirchner, Baltische Studien, Jahrg. 15. Heft 2. p. 158—164. Cramer, Kirchenchronik II. cap. 32. i. fin. Kosegarten 1. p. 114. Vgl. oben p. 50. Das Material des Steins ist der für Leichensteine und Ornamente hier gewöhnlich angewendete Kalkstein.

haben den Heiligenschein und lange, faltige Gewänder, Johannes hat
langes, lockiges Haar, Maria trägt ein Tuch auf dem Kopfe. Auf
zwei verschlungenen Pergamentstreifen über ihren Häuptern liest man:
.Ecce. mater. tua. — Mulier. ecce .. filius. tuus.[15]
Da Christus diese Worte spricht, so ist er als lebend zu denken.
Demgemäß sind die Augen geöffnet und sein Haupt dem Johannes
und der Mutter zugewendet. Daß trotzdem sich auch die Wunde
des Lanzenstiches an der Brust Christi findet, beruht auf einem Versehen des Bildhauers.

Rechts vom Kreuze kniet Heinrich Rubenow in langem Gewande, mit pelzbesetzten Aermeln und kurzem, hermelinbesetzten Kragen.
Er trägt spitze Schuhe und auf dem Haupt ein hohes, spitzes Barret.
Seine Gesichtszüge zeigen keine Portraitähnlichkeit und in der
Ausführung weniger Sorgfalt als die übrigen Figuren. Daher ist
auch keine Aehnlichkeit mit dem alten Gemälde in der Nikolaikirche
zu bemerken. Auch die Haltung des Kopfes und das Barret ist
verschieden. Die Kleidung ist dieselbe, welche Bodeker und Segeberg
tragen. Auf dem Pergamentstreifen, welchen Rubenow in der Hand
trägt, steht folgendes Leoninische Distychon:

Occisi. temere. Deus .. alme. mei. miserere .

ignoscendo. meis. qui. pupugere. reis.[16]

Diese Worte beziehen sich auf die Ermordung Rubenows und
sind nach Analogie der Worte Christi Luc. XXIII. 34. gebildet.

Unterhalb des Kreuzes ist Rubenows Wappen dargestellt, und
zwar in einer abweichenden Form von den uns erhaltenen Siegeln
Rubenows. An der bei Kosegarten II. No. 19. p. 40. taf. III.
14. mitgetheilten Urkunde vom 11. Nov. 1456 hängt ein Wappen mit der
Umschrift: Sigillum domini Hinrici Rubenow utriusque juris doctoris
et vicecancellarii hic. Zwei aufstrebende Löwen halten einen schräge
liegenden, oben rechtwinklichen, unten abgerundeten Schild mit einem
auffallend großen Helm darüber. In dem erhaben gearbeiteten

---

15. In dieser Inschrift steht auf dem Stein maie — o, dieses a
beruht wohl auf einem Versehn des Bildhauers und ist als r zu lesen.

16. Am Schluß von reis steht ein großes S. Das r der 3 Inschriften
hat die gewöhnliche Form. Diese Verse werden im Dekanatbuch fac. art.
fol. 6. und bei Cramer Kirchenchr. II. 32. mit der Abweichung angeführt
ignoscas und ignosce miseris.

Schrägebalken des Schildes sehen wir drei springende Windspiele mit Halsbändern. Zu beiden Seiten des Schrägebalkens bemerken wir je drei Weinblätter, welche aus dem vertieftem Hintergrund hervortreten. Ueber dem Helm befindet sich ein Baum, neben ihm ein viertes ebenfalls springendes Windspiel mit einem Halsbande. [17] Auf dem Wappen des Denksteins fehlen der Helm, der Baum mit dem Windspiel, die Schild haltenden Löwen und die Umschrift. Auch zeigt der Schild oben nicht zwei rechte Winkel, sondern einen Abschnitt an der linken Seite, so daß drei Ecken gebildet werden. Unten endet der Schild in eine geschweifte Spitze. Die Anordnung der Figuren des Schildes ist dieselbe, nur sind die Blätter nicht naturgemäß, sondern ganz ornamental behandelt, so daß Niemand, der nicht das Wappen der Urkunde vergleicht, sie für Blätter halten wird.

Die Unterschrift [18] des Steines ist in Niederdeutscher Sprache abgefaßt und lautet nach den fünf Reihen abgetheilt:

Uppe . nye . ja ——————— ies . ane
de . des . lefte . daghes . des . iars
dei . bod . rpi . m . cd . lrii . wart . sla
ghe . hei . hinrif . rubenow . doctor . in . •
beide . regie . üd . borghmeifter . . hyr

Auf Neujahrsabend
am letzten Cage des Jahres
der Geburt Christi 1462 ward erschlagen
Herr Heinrich Rubenow Doctor
beider Rechte und Burgemeister hier.

17. Das bei Balthasar vit. Rub. p. 11. abgebildete Wappen über Rubenows Hausthür hat die Löwen nicht, wohl aber den Baum mit dem Windspiel, die Beide halb von dem Helm verdeckt, und von zwei Federbüscheln eingeschloßen werden. Alle drei, so wie der Schild zeigen außerdem abweichende Formen. Kirchner (Balt. Stud. XV. 2. p. 159) erwähnt noch eines ähnlichen Wappens Rubenows in Glasmalerei an einem Fenster des zerstörten grauen Klosters.

18. In der Unterschrift des Steins wechselt die gewöhnliche Form r mit der alterthümlichen z. Die einzelnen Worte der Inschriften werden durch einen Punkt, oft auch durch zwei Punkte, wie hinter Borghemeister getrennt. Das n am Ende einer Silbe, ist stets durch einen Strich über dem vorhergehenden Vokal, das e in unde und borghe durch einen Punkt über dem Wort angedeutet. Zu bemerken ist die jener Zeit übliche Schreibart gh statt g und lesten statt letzten, sowie regten statt

Der Hintergrund des Denksteins und der Inschriften ist eine einfach vertiefte Fläche, nur der Fußboden ist mit abwechselnd vertieften und erhabenen Quadern bezeichnet. Eingeschloßen wird die Darstellung von einer sorgfältig ausgeführten Rundbogenarchitektur des Uebergangsstils. Daß wir diesen Stil auf einem Denkstein des Jahrs 1463 in einer Stadt, die nur gothische Bauten hatte, erblicken, hat vielleicht darin seinen Grund, daß das Chor der im Schiff gothisch ausgeführten Klosterkirche des benachbarten Eldena im Rundbogenstil erbaut war. Wir finden in der Ruine zu Eldena noch mehrere Denkmäler aus ähnlichem Kalkstein mit ähnlichen Inschriften und Figuren ähnlichen Stils. Vielleicht mochte derselbe Künstler, der für das Eldenaer Kloster arbeitete, auch den Denkstein Heinrich Rubenows anfertigen und die Architektur desselben nach den ihm bekannten Formen des Chors der Klosterkirche ausführen, die ihm in Bezug auf die Höhenmaße des Steins bequemer waren als die Spitzbogen der Gothik.

Drei Rundbogen in kleeblattartiger Anordnung werden von zwei Seulen verwandten Stils getragen. Die innere Rundung der drei Bogen ist reich mit gothischen Zackenblumen verziert, wie wir sie namentlich in der Englischen Gothik antreffen [19]. Oberhalb und unterhalb des mittleren Bogens grade über der Inschrift des Kreuzes, befinden sich zwei reich geschmückte, phantastische Ornamente, welche in ihren Spitzen in Kronen auslaufen, vielleicht eine Andeutung auf die Krone des ewigen Lebens, welcher der Verstorbene entgegenblickt. Eine ähnliche Bedeutung hat auch nach Kirchner die oberhalb der drei Bögen befindliche Architektur, welche er nach Galater IV. 26 als das himmlische Jerusalem auffaßt, zu dem Rubenow emporblickt. Sie besteht aus einem polygonen Mittelbau, von dem man drei Seiten erblickt. Die mittlere Seite zeigt zwei Doppelfenster mit Rosetten darüber. Die beiden andern Seiten haben

---

rechten (Vgl. Kosegarten 1. p. 116. Anm. 13., Kirchner ließ regten, Kosegarten rechten), ferner das y für das lange i, der Gebrauch der einfachen Formen, ohne die Vorsilbe ge und er, wie bord statt gebord, slagen statt erslagen. Christi ist monogrammatisch mit den Griechischen Buchstaben XP und der lateinischen Endung i geschrieben.

19. In den Baltischen Studien XV. 2. p. 159. und bei Kosegarten 1. p. 116. sind dieselben irrthümlich als Epheuranken angesehn. Eine ähnliche Architektur mit drei Bögen findet sich auf einem Grabstein auf Hiddensee. (Kirchner Balt. Stud. XV. 2. p. 153.) Die Eldenaer Grabsteine beschrieb Kirchner, Baltische Studien 1844 X. 1. p. 213—223.

einfache Fenster mit Rosetten und spitze Giebel mit Kreuzblumen. Der Mittelbau wird von zwei Thürmen eingeschloßen, welche zwei Geschoße mit Fenstern und pyramidale Spitzen haben. Dieselben zeigen oben und unten ein zweifaches in der Mitte ein dreifach gegliedertes Gesimse. An den Mittelbau schließen sich an beiden Seiten zwei Flügel an, welche an der Langseite drei Fenster, an der einen schmalen Seite einen spitzen Giebel mit Kreuzblumen, an der andern einen Thurm haben. Die Flügel haben zwei Geschoße, von denen aber die unteren von der Kleeblatt-Architektur des Denksteins halb verdeckt werden. Die Thürme der Flügel haben nur oben und in der Mitte ein Gesimse und nur Ein Fenster im Obergeschoß, das untere Geschoß ist nicht ausgeführt. Die Thurmspitzen haben ein einfach behandeltes Dach, am Mittelbau und Flügel sind dagegen die Ziegel der Dächer ausgeführt. Die Fenster des Mittelbaues sind mit gothischen Spitzbogen, die der Flügel und der vier Thürme mit runden Bogen versehen. Da auch die perspectivische Zeichnung der Fenstervertiefungen abwechselnd richtig und verkehrt angegeben ist, so mag auch dieser Wechsel nur auf einem Irrthum des Bildhauers beruhen.[20]

Die Scepter der Universität,
die Annalen und das Album.

Die vier silbernen Scepter, welche die Universität zur Zeit ihrer Stiftung als Geschenk erhielt, sind noch im Besitz derselben. Die

20. In der ersten Ausgabe meines Drama Heinrich Rubenow 1853 Vorrede p. XX. sprach ich die Vermuthung aus, daß die von Kirchner als himmlisches Jerusalem gedeutete Architektur eine Darstellung des alten Universitätsgebäudes sein möchte, doch würde sich diese Meinung nur dann beweisen laßen, wenn wir genaue Abbildungen desselben hätten. Wir haben aber nur allgemeine Beschreibungen desselben. (Vgl. Augustin Balthasar, Historische Nachricht von den Akademischen Gebäuden 1750 p. 5. Koseg. Gesch. der Univ. I. p. VIII. p. 87. p. 225—226. II. p. 23. p. 96 ff. p. 227. p. 230. p. 241—252. p. 298.) Das erste Akademische Gebäude bestand aus mehreren Theilen, 1) aus dem Hause des Raphael Leistenitz mit drei Nebenhäusern, 2) aus dem Hause des Heinrich Stubbe mit zwei Nebenhäusern, beide am Collegienplatze, 3) aus dem Hause des Heinrich Brobose in der Domstraße, jetzt nicht mehr im Besitz der Universität. Es wurde zu-

zwei größeren wurden am 17. October 1456 von Herzog Wartis=
law IX. geschenkt, und zwar, wie es in den Annalen der Universität
heißt, pro offertorio ad altare.²¹ Auch wird dort bemerkt, daß sie ihm
75 Rheinische Gulden gekostet hätten. Während in der alten Zeit
bei der gewöhnlichen Messe die Gemeinde pro offertorio das Brod
darzubringen pflegte, brachte hier der Herzog die silbernen Scepter
als außerordentliche Gabe zum Hochamte der Stiftungsfeier dar und
vollzog gewißermaßen durch diese Handlung die unter seiner Regierung
von Rubenow begründete Stiftung. Wahrscheinlich wurden sie vom
Bischof Henning Iven von Kammin am Altar vor der Messe
geweiht. Sie sind 3½ Fuß hoch, unten 1¼, oben 1 Zoll im
Durchmesser und haben vergoldete Kronen an der Spitze, von sehr
zierlicher, durchbrochener Arbeit. Der Schaft der Scepter läuft unten
in einen Knopf aus und besteht aus drei Abtheilungen, welche in der
Mitte durch vergoldete Kronenreise und unten durch Knöpfe von
einander getrennt werden und mit Blättern und Arabesken verziert
sind. Die untere Abtheilung ist mit einem verzierten Ring umgeben.
Um die beiden oberen Abtheilungen laufen silberne, vergoldete, ange=
löthete Streifen mit vertieft gravirten, lateinischen Inschriften, in
sorgfältig ausgeführten Minuskelformen. Manche Worte sind in
üblicher Weise abgekürzt, manche in ungewöhnlicher Art und mit
eigenthümlichen Verschlingungen der Buchstaben. Am Anfang der
Inschrift ist zwischen jedes Wort eine Verzierung als Trennungs=
zeichen gesetzt, bald ein ganzes, bald ein halbes Blatt oder ein Häf=
chen, in der Mitte und am Ende der Inschrift erscheinen diese Zeichen

letzt von Professor Dr. u. j. Franz Gesterding bewohnt und enthielt im
Keller ein Carcer und eine Wendeltreppe. Sie wurden durch Rubenow 1456
und später 1477, 1544, 1549 und 1566 wiederholt ausgebaut (Annal. p. 7.
52. Koseg. II. p. 152, 188. Album fol. 149 v. 176 v. 340 Koseg. I. p. 200, 210.)
p. 152) das Leistenische Haus zum collegium majus, das Stubbesche zum
collegium minus, das Brobosesche zum collegium juristarum. Dann errichtete Herzog Ernst Ludwig, dessen steinernes Bild im Universitätsge-
bäude dem Haupteingang gegenüber steht, 1591 ein zweites Universitäts-
gebäude. (Balthasar p. 11. Koseg. I. p. 126. Abbildungen bei Merian
Topograph. Brandenb. et Pomer. p. 62. und delineatio oppidi Gryph.
ab electore Brand. Frid. Guill. oppugnata 1659.) Endlich wurde 1750
durch Prof. Andreas Mayer das jetzige Gebäude errichtet.

21. Vgl. Annalen p. 2. Kosegarten I. p. 63. II. p. 160.

ſeltener. Die Inſchrift iſt wiederholt namentlich von E n g e l b r e ch t, Aug.
B a l t h a ſ a r [22], ſpäter von B i e ß n e r und jetzt aufs Neue von mir
verglichen worden und ergibt ſich folgendes Reſultat: Bei der im
Jahr 1547 erfolgten Reſtauration dieſer Scepter, welche nach der
Angabe des Univerſitätsalbums zerbrochen geweſen waren, oder bei
einer ſpäteren Reſtauration, deren ſich der verſtorbene Bießner noch
erinnerte, wurden die Streifen, auf welchen die Inſchrift ſteht, von
dem Goldarbeiter unrichtig angelöthet, auch von den Enden derſelben
Stücke abgeſchnitten, ſo daß einige Worte unvollſtändig ſind und
die verſchiedenen Abtheilungen im unrichtigen Zuſammenhange ſtehn.
Ich theile die Inſchrift ſo mit, wie ſie jetzt an den Sceptern
zu leſen iſt. Die Abkürzungen ſind beibehalten. Die verzierten
Trennungszeichen ſind durch Punkte wiedergegeben. [23]

I. Scepter.

1ſte obere Abtheilung, von der Spitze zu leſen

dn̄s . n̄r caliſtvs p̄pa te r̄z nraz̄ iſtitvit uivſitate et dn̄s n̄r
henighz epv̄s camie —

2te untere Abtheilung, von unten zu leſen

— s itrfuit . dn̄s hiricz rubenow uꝛuſez ivris doctoz ꝓ proſul
h̄ potlatz p dom̄ ſo rēz allatē ivſi —

II. Scepter.

1ſte obere Abtheilung, von unten zu leſen

— dm̄ m̄ . cccc̄ . Γ . vī . pra . die . dm̄ca . pz feſtū ſcī . galli
fuit . priō . erca . alma . vniverſitas

2te untere Abtheilung, von unten zu leſen

— us . princeps noſter dn̄s dur wartſlaus iſtos baculos alme
ſue . uivſitati pro meeria . donavi —

---

22. Engelbrecht Conſult. coll. Ictorum 1741. p. 1. August. Balthasar rituale academicum Gr. 1742. p. 229. Koſegarten I. p. 64.
23. Scepter I.
Inſtituit. Das erſte t in inſtituit ſieht wie ein s oder c aus. Doch
beruht dies wohl nur auf einer Willkür des Graveurs. Inſtituere iſt neben
inſtaurare der übliche Ausdruck für Gründen und deshalb inſtituit zu
leſen. — Caminenſis. Der Schluß von Caminenſis fehlt, vielleicht iſt der-
ſelbe zugleich in den Zügen enthalten, welche Balthaſar als interfuit lieſt.
Der Anfang derſelben iſt ſehr verwiſcht. — Et. Et vor proconsul iſt nicht
in Buchſtaben, ſondern als Zeichen geſchrieben. — Postulatus alatere.
Poſtulatus iſt mit ſehr verſchlungnen Buchſtaben geſchrieben, ebenſo a latere.

II.1.(Anno) domini M . CCCC . LVI , prima die dominica post
festum St. Galli fuit primo erecta alma universitas.

I.1. Dominus noster Calistus papa tertius nostram instituit univer=
sitatem; et dominus noster Henninghus episcopus Caminensis

I.2. interfuit. Dom. Hinricus Rubenow utriusque juris doctor et
proconsul hic, postulatus per dominum suum rector a latere ipsi=

II.2. us. Princeps noster dominus dux Wartislaus istos baculos alme
sue universitati pro memoria donavit.

II.1.　　Im Jahr des Herrn 1456, am ersten Sonntag nach dem Feste des
heiligen Gallus begann die Stiftung unserer ehrwürdigen Hochschule.

I.1.　　Unser Herr, Pabst Calirtus III. bestätigte unsere Universität und
unser Herr, Bischof Henning von Kammin weihete sie persönlich ein.

I.2.　　Herr Heinrich Rubenow, Doctor beider Rechte und Burgemeister
hier, wurde von seinem Herrn zum Rector auserwählt als Stellver=
treter seiner Macht.

II.2.　　Unser fürstlicher Herr, Herzog Wartislaw schenkte diese Scepter
seiner ehrwürdigen Hochschule zum Angedenken.

Wir erhalten sonstige Mittheilungen über diese Scepter in den
Universitätsannalen, die sich im Universitätsarchiv in einem
Pergamentbande befinden. Dieser ist mit vielen gepreßten Bildwerken,[24]
Verzierungen und Inschriften versehn und stammt wahrscheinlich aus
dem Jahr 1564, wenigstens ist auf der Rückseite des Bandes bemerkt,

---

Obwohl deutlich allatere gelesen wird, so ist doch wohl keine Assimilation aus
nb latere anzunehmen, da es in jener Zeit gebräuchlich war, s und l am
Anfang eines Worts doppelt zu schreiben; a latere postulatus bedeutet als
Vertrauensmann, Stellvertreter auserfehn. — Ipslus. ipsius ist ausein-
ander getrennt, ipsi steht auf Scepter I. 2., us auf Scepter II. 1.
　　Scepter II.
Alme sue donavit. Alme sue ist zu lesen, nicht alme sui w. b. Koseg.;
das Ende von donavit fehlt und ist bei der Restauration abgeschnitten. —
Anno. In Anno domini fehlt Anno ganz, und ist bei der Restauration
abgeschnitten. — M . CCCC . LVI. Bei der Inschrift steht hinter M, hinter
CCCC, hinter L und VI ein Zeichen um den Ablativ anzudeuten. — Primo.
Primo ist zu lesen, nicht primum, wie bei Engelbrecht und Balthasar.
Auch die Annalen haben bei Erwähnung der Scepter fol. 2. und beim An=
fang der Promotionen fol. 4. primo. (Kosegarten II. p.159. p.160.)
　　24. Unter den Verzierungen des Einbandes nenne ich das Bild Christi,
des Harfe spielenden Königs David, und des Petrus mit den Buchstaben P. T.

daß das Buch in diesem Jahr durch den Rector Thomas Mevius restaurirt sei. In dieser Zeit wurden auch folgende auf den Einband gedruckte Verse[25] abgefaßt:

— Anno 1456 —

Si nescis, quanta extiterit Rubenovii virtus,
est satis hoc uno testificata libro.
Hunc lege, summa scholae exercens moderamina rector,
haec calcar fidei sint monumenta tuae.

C. K. M. D.

Wäre noch unbekannt Dir die Größe von Rubenows Thaten,
lies nur dies Eine Buch, das sie genugsam bezeugt.
Sei Dir dies Denkmal ein Sporn, daß gleichen Maßes in Zukunft,
wirst Du zum Rector ernannt, sich Deine Treue bewährt.

Die Annalen, welche p. 1. u. p. 37. bald corenica et tabula, bald liber annalium, bald liber rectoratus oder rectoratuum genannt werden, sind in den Jahren 1456—1462, p. 1—37. von Rubenows eigener Hand geschrieben, wie wir aus der Vergleichung mit solchen Urkunden erkennen können, wo Rubenow: manu propria, hinzugefügt hat, wie an der Urkunde vom 31. Dec. 1456, deren Schluß von Kosegarten in Facsimile mitgetheilt ist.[26] Er bedient sich einer sehr schönen, regelmäßigen und kräftigen Minuskelschrift mit Abkürzungen, deren Tinte noch jetzt eine gute Schwärze hat. Die Ueberschriften, die Anfangsbuchstaben und Theilungszeichen sind mit rother Tinte geschrieben. Die Annalen bildeten ursprünglich ein Folioheft von 24 Blättern in einem Pergamentumschlag, welche

25. An der inneren Seite des Einbandes finden wir eine Abschrift derselben Verse mit der Bemerkung, daß dieselben 1564 von Christiannus Calenius, medicinae doctor verfaßt sind, welcher hier 1553—1617 Prof. der Medicin und 1552—1553 auch Mitglied der philosophischen Fakultät war. Diese Verse sind zum ersten Mal in einem Programm des bekannten Generalsuperintendenten Dr. Joh. Fr. Mayer abgedruckt (De Henrico Rubenovio 1702. Opuscula Academica bibliothecae Gryph. Tom. I.) Mayer war der Erste, welcher eine Monographie über Rubenow verfaßte und seinen Ruhm in dieser Schrift gebührend anerkannte. Auch bemerkt er, daß er der Erste sei, welcher nach Rubenow das Amt eines cancellarius perpetuus der Universität bekleide.

26. Kosegarten II. p. 55. tf. IV. No. 16.

so angeordnet sind, daß viermal vier Blätter starken, gelblichweißen Papiers mit dreimal zwei Blättern Pergaments abwechseln. Das Papier hat einen Ochsenkopf mit einem Stern als Waßerzeichen. Solche damals üblichen Lagen von 4 Bogen nannte man quaterni, die von 2 Bogen peciae. (Savigny Gesch. d. Röm. R. 1822 III. p. 536.) Das erste unpaginirte Pergamentblatt ließ Rubenow unbeschrieben, da es als Umschlag dienen sollte. Parleberg und Meilof, welche die Annalen von 1462 — 1483, p. 37 — 68 fortsetzten, ließen dann p. 47—68 zehn Bogen Papier von anderer gröberer Art anheften, welches einen Pokal als Waßerzeichen hat, und beschrieben auch das eine Pergamentblatt p. 45—46, welches Rubenow als Rückseite des Umschlags bestimmt hatte. Sodann wurden 1487 wiederum 30 Bogen gröberen Papiers mit einem Kreuz oder Monogramm als Waßerzeichen angeheftet, von denen aber nur drei Seiten, p. 69—71 von Joh. v. Hoya beschrieben, p. 71—130 aber weiß geblieben sind. Mit den Annalen ist eine Urkundensammlung, das sogenannte Universitätsdiplomatar zusammen gebunden. In dieser finden wir zuerst p. 133—156 zwölf Blätter eines Papiers mit einer Traube als Waßerzeichen, dann p. 157—180 sieben Blätter mit dem Kreuz oder Monogramm, von denen p. 133—142 ein Register über die Ur= kunden enthalten; 143—181 sind unbeschrieben. Die Ueberschriften der Urkunden Nr. 1—76, von p. 181—417 und der Anfang des Registers p. 133—139 sind von Rubenows eigener Hand ge= schrieben, ebenso wie die Annalen, mit rothen Zahlen und Theilungs= zeichen. Die Ueberschrift des Registers lautet:

Registrum omnium privilegiorum universitatis et ecclesiae collegiatae hic, conscriptum a me Hinrico Rubenow, quod opus manuum mearum est Dei adjutorio.

Von p. 181. beginnt die Sammlung der Universitätsurkunden in Abschrift, welche auf der Rückseite des von dem Rector Thomas Mevius restaurirten Einbandes liber privilegiorum, von anderen diplomata= rium genannt wird. — Diese sind auf demselben schönen Papier mit dem Waßerzeichen der Traube geschrieben, wie das Urkundenregister und zwar von p. 181—416 von derselben Hand, welche den Anfang des Universitätsalbums I. fol. 1—12 schrieb, vielleicht von einem der damaligen Notare der Stadt; p. 417—426 von Walter, p. 426 bis 430 von Parleberg. Von p. 431 zeigen sich verschieden Hände, von p. 447. das gröbere Papier mit dem Kreuz oder Mono=

gramm, von p. 541 ein feines Papier mit einer Blumenvase als Waßerzeichen, von dem aber nur p. 543—553 u. p. 565—567 mit der Schenkung Bogislaw XIV. u. A. beschrieben sind. Am Schluß finden sich noch einige Urkunden und Register ohne Pagina auf demselben Papier.

Die Annalen zählen von 1456—1487 nacheinander 53 Rectorate auf und berichten dabei über wichtige Ereigniße, Schenkungen und Promotionen des Semesters, so auch über die Schenkung der Scepter, von Rubenows eigener Hand geschrieben:

Donationes principis.

Primo dominus dux Wartislaus prefatus dedit in missa universitatis prima, tempore introductionis in ecclesia sancti Nicolai, regales primos baculos argenteos ad altare pro offertorio, pro quibus expendit in toto septuaginta - quinque florenos renenses.

Da diese von Rubenow selbst geschriebenen Worte der Annalen in Stil und Schreibweise mit der Inschrift der Scepter übereinstimmen, da er ferner vom Herzoge den Auftrag erhielt: ceptra to malen,[27] so ist dieselbe wahrscheinlich von Rubenow verfaßt und von einem geschickten Goldarbeiter gravirt. Diese Vermuthung wird auch dadurch bestärkt, daß der Pabst Calixt III., der Bischof Henning von Kammin und der Herzog Wartislaw IX. als dominus noster aufgeführt werden, Rubenow hingegen nur dominus genannt wird, mit dem Zusatz: postulatus per dominum suum. Rubenow bezeichnet den Pabst, den Bischof und den Herzog als Oberherrn, und dem gemäß in der Inschrift, wo sie im Allgemeinen angeführt werden, mit dominus noster, wo dies aber in Beziehung auf ihn allein gesagt ist, mit dominus suus. Ob unter dominus suus der Bischof oder der Herzog gemeint ist, läßt sich nicht mit Sicherheit entscheiden, da Rubenow am 11. Septbr. 1456 vom Bischof, welcher Kanzler der Universität war, zum Vicekanzler und am 28. Septbr. 1451 vom Herzog zum Vicedominus d. h. Stellvertreter desselben, ernannt wurde. Als solcher hatte er die oberste Leitung der Universität, über ihre Verwaltung, ihre Casse, ihre Gerichtsbarkeit und die Anstellung der Lehrer. Als Kanzler hatte er bei den Promotionen und Ernennungen die Bestätigung zu ertheilen. In den Worten: postulatus per dominum suum rector a latere ipsius, kann rector die

27. Vgl. die Urkunde über die Ernennung Rubenows zum Vicedominus vom 28. Septbr. 1456 bei Kosegarten II. p. 27. No. 14.; I. p. 62.

Würde des Rectors der Hochschule, oder auch Regierer, Lenker im Allgemeinen bedeuten, a latere heißt Vertrauensmann, Stellvertreter. Diese Stellung erhält Rubenow als Vicekanzler und als Vicedominus, wahrscheinlich ist aber die Vertretung des Herzogs gemeint, da diese Würde bedeutender war und zwischen ihm und Rubenow innige Freundschaft bestand, ebenso wie in der Folge zwischen Wartislaw X. und Rubenow, wie wir dies aus der Urkunde vom 1. Aug. 1459[28] entnehmen können. Daraus, daß Rubenow in den Annalen erwähnt, die silbernen Scepter hätten dem Herzog 75 Rheinische Gulden ge-kostet, läßt sich ebenfalls entnehmen, daß die Schenkung derselben zwischen dem Herzog und Rubenow verabredet und von dem letzteren vermittelt worden ist.

Unter dem zweiten Rectorate Rubenows 1459 kam die Universität noch in dem Besitz zweier anderen kleineren Scepter. Den einen der-selben schenkten die Aebte von Elbena, Nienkamp (Franzburg) und Pudagla, den andern Rubenow, Gottfried von Zwina, Albert von Sidon, Hermann Slupwachter und Nikolaus Murificus, bei dessen Promotion diese Scepter zuerst eingeweiht wurden[29]. Die größeren Scepter werden bei allen Feierlichkeiten, diese beiden kleineren mit jenen zusammen nur bei größeren Festen getragen.

Weitere Nachrichten sowohl über diese, als auch über die von Herzog Wartislaw IX. geschenkten, größeren Scepter erhalten wir in dem Universitätsalbum, welches sich ebenso wie die Annalen im Universitätsarchiv befindet. Dasselbe besteht aus drei Pergament-bänden, welche auf der Vorderseite das Bild Christi mit lateinischer Umschrift, auf der Rückseite das Pommersche Wappen als gepreßte Verzierungen enthalten. Da Kosegarten II. p. 259—270 leider nur den Anfang des Albums f. 1—8 abdrucken ließ, gebe ich eine genaue Beschreibung desselben. Der erste Band gibt auf 339 Papier-blättern Aufzeichnungen aus den Jahren 1456—1598.[30] Von diesen sind f. 1—12 von derselben Hand, wie die den Annalen an-gebundene Urkundensammlung geschrieben. Sie enthalten die Namen

---

28. Kosegarten II. p. 86. Nr. 49.
29. Vgl. Annalen p. 22. Kosegarten II. p. 170. I. p. 111.
30. Von diesen haben f. 1—163 das Wasserzeichen mit der Traube, wie die den Annalen beigebundene Urkundensammlung, f. 164—339 ein Wasserzeichen ähnlich einer Monstranz mit einem Kreuz.

der Inscribirten unter den sieben ersten Rectoraten von, 1) Heinrich
Rubenow, 2) Heinrich Bulow, 3) Johannes Camside, 4) Georg
Walter, 5) Hermann Slupwachter, 6) Georg Walter II., 7) Heinrich
Rubenow II.; f. 6. findet sich die Inscription der Rathsherrn Stilow,
Lange, Erich, und Kannegießer von Rubenows eigener Hand; f. 12.
ebenfalls ein eigenhändiger Bericht Rubenows über das von ihm an
Flods Stelle geführte Vicerectorat. Nach dem zweiten Rectorat Rubenows
hört die Hand des Notars auf. Von da an scheinen die verschiedenen
Rectoren selbst das Album weiter geführt zu haben. Da die Annalen seit dem Jahr 1487 nicht weiter fortgesetzt wurden, so ver-
trat das Universitätsalbum ihre Stelle und berichtet in
derselben Weise über wichtige Ereigniße die unter den Rectoraten vorfielen. Vom sechszehnten Jahrhundert an finden wir auch
die Zahl und Namen der Professoren mitgetheilt. Auch die
Ueberschriften pflegen von f. 12. an mit größerer Schrift, oft auch
mit rother Tinte aufgezeichnet zu sein. Mit riesig großen Lettern
ist f. 33. die Ueberschrift über das Rectorat des Dr. v. Nicolai
v. Jahr 1473 eingetragen. Der Initialbuchstabe A in Anno, 8 Zoll
hoch und 6 Zoll breit, ist mit rother Farbe gemalt und vergoldet
und enthält im Innern das Nikolaische Wappen; f. 37. findet
sich ein kleineres Wappen des Rector Langenbeke; f. 88. 91, 101,
die Einzeichnung der Rectorate der berühmten Juristen Petrus und
Vincentius von Ravenna v. Jahr 1498, 1499 und 1502, in sehr
schöner großer Schrift mit rother Tinte und großem blaugemalten
Initialbuchstaben.

Mit rother Majuskelschrift ist f. 142. die nach der Reformation durch Herzog Philipp I. von Pommern im Sinne der protestantischen Lehre ausgeführte Restauration der Universität vom
Jahr 1539 aufgezeichnet. Die vorhergehenden 3 Blätter sind wahrscheinlich wegen anstößiger Stellen, welche Streitigkeiten zwischen den
Anhängern des Katholismus und Protestantismus betrafen, ausgeschnitten worden[31]; f. 151. ist das Wappen des Rector Johannes
v. Usedom eingeklebt vom Jahr 1545; f. 153. ist 1546 der in diesem
Jahr erfolgte Tod Dr. Martin Luthers mit einem Nachruf mitgetheilt;
f. 157. steht die Einzeichnung des Rectorats des Johannes Knipstrow
v. J. 1547 mit rother Majuskelschrift. Von f. 173. beginnen die

---

31. Vgl. Kosegarten I. p. 102. II. p. 202. p. 258.

horoskopischen Zeichnungen gewöhnlich in Begleitung von lateinischen
Versen, so von Prof. **Georg Krakowius** f. 173; f. 190 ist im Jahr
1555 das Wappen des Rectors **Gerhardus Below** mit den 3 bär-
tigen Köpfen im Schilde und einem gleichen auf dem Helm abgebildet; f. 192 im J. 1556 das Wappen des Rectors **Bernhardus Vere** mit dem Bären im Schilde und 2 Schwanhälsen auf dem
Helm [32]; f. 232, 273, 310 die Rectorate des **Dr. Jacob Runge**
v. J. 1564, 1557 und 1590; f. 245, 269 die Rectorate des berühmten Mediciners **Franz Joel** v. J. 1567 und 1576; f. 277 im
Jahr 1579 das Rectorat des **Christian Calenius**, des Verfaßers der
oben erwähnten Verse auf Rubenow; f. 335 steht eine Abschrift
der Stiftungsurkunde der Universität.

Im Universitätsalbum f. 165 v. wird berichtet, daß unter
K n i p s t r o w 1547, die zerbrochnen, großen, vom Herzog Wartislaw IX.
geschenkten Scepter wiederhergestellt, von den beiden kleineren
dagegen, da der eine entwendet worden, einer neu angefertigt
und der andere vergrößert worden sei [33]. In dieser erneuerten
Gestalt, in welcher die Universität dieselben gegenwärtig besitzt,
sind die Scepter etwas über 2⅓ Fuß lang, und haben oben eine
kronenartige Verzierung, unten zwei Knäufe und zwischen diesen einen
Streifen als Verzierung. Sie sind ⅓ Fuß kürzer als die größeren
Scepter, und haben einen dünneren Schaft ohne Vergoldung. Auch
ist die Silberarbeit von weit geringerem Werth. — Merkwürdig sind
dieselben aber durch 32 Wappen, [34] welche an je drei hervorragen-
den Reifen derselben befestigt sind. Diese Wappen gehören denjenigen
Personen, welche das Silber zur Wiederherstellung derselben hergaben,
deren Namen wir aus der Einzeichnung des Rectors Joh. Knipstrow im Album I. f. 165—168 erfahren. Zu bemerken ist,
daß die Wappen nicht in derselben Reihenfolge an den Sceptern
angebracht sind, welche die schriftliche Aufzeichnung beobachtet, wo-
durch ihre Deutung erschwert wird. Da Kosegarten I. p. 111.

---

32. Vgl. über das Wappen der Familie v. Below und v. Behr Bagmihl Pomm. Wappenb. T. I. p. 17. tf. VII. 2. XII; p. 1. tf. I. 1. V.

33. Vgl. Kosegarten I. p. 111.

34. Die Wappen haben keinen Helm, sondern zeigen nur den einfachen
Schild in der üblichen geschweiften Form des sechszehnten Jahrhunderts
einige mit einem Abschnitt links wie auf Rubenows Denkstein, andere mit
Einschnitten an allen vier Seiten und oben mit Schnörkeln und runden
Ausschnitten unter denselben.

hiervon nur eine kurze Nachricht gibt, so theile ich hier die Worte des Albums f. 166—168 nebst einer Beschreibung der Wappen mit:

1) *Illustrissimus Princeps Philippus Dux Pomeraniae etc. Patronus Academiae donavit pateram et duo pocula, quae simul valent XXII. Thaleris.*

Dem Herzog Philipp I. gehören am mittleren Reifen des ersten Scepters vier Wappen: (Vgl. Bießner, Pomm. Gesch. p. 351.)

1. Stettin und Pommern, mit einem gekrönten Greifen. Auf diesem Wappen steht ein G.
2. Cassuben und Wenden, mit einem schwarzen Greifen.
3. Rügen, mit dem Löwen auf einem Mauergiebel.
4. Usedom, mit einem weißen Greifen mit dem Störschwanz.

2) *Bartolomeus Swavenius, Dei Gratia Episcopus Cammineusis, donavit VI Aureos in moneta.*

Dem Bischof Bartholomeus von Swawe gehören wahrscheinlich die vier Wappen an dem mittleren Reifen des andern Scepters:

1. Das Familienwappen der Familie von Swawe, welcher der Bischof angehörte, eine Rose mit Kleeblättern. (Vgl. Siebmacher Wappenbuch V. 72. Bagmihl, Pommersches Wappenbuch III. p. 32. tf. XII. XVII. 4.)
2. Das Bischöfliche Wappen des Barth. v. Swawe, Bischofs von Kammin. Dieses ist vierfach getheilt, und hat in zwei Feldern die Rose mit den Kleeblättern des Familienwappens der Familie v. Swawe, in den zwei andern Feldern das Kreuz, welches das Wappen des Visthums von Kammin bildet. (Siebmacher, Wappenb. I. p. 12.) Diese Art der Zusammensetzung der Bischöflichen Wappen aus den Insignien des Visthums und der Familienwappen war sehr gewöhnlich. Als die Herzöge von Pommern Bischöfe von Kammin wurden, trat in ihrem Wappen das Bischöfliche Kreuz in die Mitte des Pommerschen Wappens.
3. Das Domwappen von Kammin, mit einem Lamm als Symbol Johannes des Täufers, dem der Dom von Kammin geweiht ist. Dasselbe ist über dem Portal des südlichen Kreuzarms des Kamminer Doms noch jetzt erhalten und kommt auch auf den bei Kosegarten II. tf. II. 8. 10. abgebildeten Siegeln des Bischof Henning von Kammin und des Domcapitels von Kammin an der Urkunde No. 59 (Koseg. II. p. 95) vor, wo es aber von Johannes dem Täufer getragen wird.
4. Ein Wappen mit einem Ochsenkopf, dessen Bedeutung ich nicht kenne.

3) *Jochim Moltzan, Landtmarscald, Erbseten tho der Osten onde Rummelow, Houptman op Wolgast, donavit III. Thaleros.*

Ihm gehört in der oberen Reihe des zweiten Scepters das Wappen der Familie v. Maltzan, mit zwei Hasenköpfen und drei Weinblättern. (Bagmihl, Pomm. Wappenbuch V. tf. XXIII—XXVIII. p. 47.)

4) Ulrich Zwerin, HoffMarschald, Erfseten tc Spantkow vnnde
Putzar, donavit III. Thaleros.

Ihm gehört in der oberen Reihe des zweiten Scepters das Wappen der
Familie v. Schwerin, mit einer Raute und den Anfangsbuchstaben
O. S. O. bedeutet Olrich, eine niederdeutsche Form für Ulrich. (Vgl.
Pott, Personennamen p. 172. Bagmihl III. tf. XXIV—XXIX. p. 74.)

5) Balzar vom Wolde, beider Rechte Doctor, M. G. H. Cancze-
ler, d. III. Thaleros.

Ihm gehört in der obern Reihe des zweiten Scepters das Wappen der
Familie v. Wolde, mit einem Lorberzweige. (Bagmihl I. p. 182. tf.
LXVIII. LXX. 2.)

6) Jacob Eitzeultze, M. G. H. Radt, d. III. Thaleros.

Ihm gehört wohl das fehlende Wappen in der oberen Reihe des ersten
Scepters, da der Doppeladler im Wappen der Familie v. Zitzevitz
sich a. keinem d. übrigen Wappen findet. (Bagmihl III. tf. 38. 41. p. 123.)

7) Joannes von Ußdom, M. G. H. Hoffradt, d. III. Thaleros.

Ihm gehört das Wappen der Familie von Usedom, mit den drei
Gemshörnern in der oberen Reihe des zweiten Scepters. (Vgl. Album der Universität I. fol. 151. Bagmihl II. tf. XVII. XVIII. p. 44.)

8) Henricus Norman, Hofradt, d. III. Thaleros.

Ihm gehört in der unteren Reihe des zweiten Scepters das Wappen
der Familie v. Normann mit dem Adler und den drei Rauten im getheilten Schilde. (Bagmihl II. tf. LV. LXI. p. 147.)

8) Martinus Weiger, Hofradt, d. III. Thaler.

Ihm gehört in der unteren Reihe des ersten Scepters das Wappen
der Familie von Weiher, mit drei Rosen und sechs Wolfszähnen
im getheilten Schilde. Die Familie schreibt sich bald v. Weiher bald
v. Weiger. (Bagmihl III. tf. XX. XXIII. p. 63.)

9) Moritz Damitz, Heuptmann zu Ufermunde, d. I. Thal.

Ihm gehört in der unteren Reihe des zweiten Scepters das Wappen
der Familie v. Damitz mit zwei Eberköpfen im getheilten Schilde.
(Bagmihl III. tf. VIII. tf. XI. p. 18.)

10) Valentin von Wedelen, Heuptmann zu Cribsevß, d. I. Thal.

Ihm gehört in der unteren Reihe des ersten Scepters das Wappen der
Familie v. Wedel, mit einem Mann innerhalb eines Kammrades und
den Anfangsbuchstaben seines Namens V. W. (Bagmihl II. tf. XIX
— XXIV. p. 60.)

11) Niclas Klempzow, Heuptmann zum Stolpe, d. III. Thaler.

Ihm gehört in der oberen Reihe des ersten Scepters das Wappen der
Familie v. Klempzen, mit fünf Weintrauben an einem Querbalken.
(Bagmihl IV. tf. XXI. tf. XXIV. p. 58.)

12) Joachim von der Schulenborch, Erffeten tho der Lofenitze vnnde
Pentuenn, Landtradt, d. III. Thaler.

Ihm gehört in der oberen Reihe des zweiten Scepters das Wappen der
Familie v. Schulenburg, mit den drei Greifenklauen und dem
mit drei Fahnen geschmückten Ochsen im getheilten Felde. (Bagmihl III.
tf. XII. tf. XVII. p. 35.)

13) Michel Ruffow, M. G. H. Camererer,

Ihm gehört in der unteren Reihe des zweiten Scepters das Wappen
der Familie v. Küffow. Es zeigt den Stamm mit den drei Blättern
darüber den Kopf der Jungfrau. (Bagm. II. tf. LXII. LXVII p. 168.)
Unten stehn die Anfangsbuchstaben des Namens M. C. Das M. hat die
alterthümliche Form IrI. — Es scheint, als wenn M. Küffow mit dem
folgenden Rathsherrn Lotze zusammen drei Goldstücke gegeben.

14) Steffen Lotze, Radtman tho Stettinn, d. III. Aurees in moneta.

Ihm gehört vielleicht das Wappen mit einem Adler und den Anfangsbuchstaben S. L. in der unteren Reihe des ersten Scepters.

15) D. Jcannes Knibstrouius Rector Doctor Theologiae, d. III. Thaleros.

Ueber Knipstrows Wappen habe ich nirgend etwas erfahren können.

16) D. Henricus Smedenstedt, Promotor trium Doctorum Theologiae,
d. I. Thaler.

Ihm gehört wahrscheinlich in der oberen Reihe des ersten Scepters
das Wappen mit den zwei eisernen Grapen, das als ein redendes Wappen,
ähnlich dem der Familie v. Grapen (Bagmihl III. tf. XLVIII. p. 155.)
sich auf das Schmierehandwerk, das in Schmedenstedts Namen
ausgesprochen ist, bezieht.

17) Docter Alexander Dume Scotus, d. I. Thalerum.

Ihm gehört wahrscheinlich das nach Art der Britten und Schotten
vierfach abgetheilte Wappen in der unteren Reihe des ersten Scepters
mit dem doppelt vorkommenden Kreuz und den vier Rosen.

18) Doct. Andreas Magerius, Professor Theologiae, d. I. Thaler.

19) D. Laurentius Lindeman, J. U. Docter et Professor, Consi=
liarius Principis, d. I. Thaler.

20) Doct. Hieronymus Oederus, Medicus Illustrisimi Principis et
Professor, d. I. Thaler.

Die Wappen dieser drei Personen vermochte ich nicht zu bestimmen.

21) Doctoris Valentini Stoientini vidua relicta, Dorathea Glinelen,
dedit pro marito defuncto I. Thaler.

Ihm gehört in der oberen Reihe des zweiten Scepters das Wappen
der Familie v. Stoientin mit dem Hirsch auf quadrirtem Felde (Bagmihl III, tf XXX. tf. XXXV. p. 96.)

22) Henricus Picht, Juris Licentiatus, d. I. Thaler.

Ihm gehört wahrscheinlich das Wappen in der unteren Reihe des zweiten Scepters mit einem Kopf, welches der älteren Stralsunder Familie Picht eigenthümlich war. Die jetzige Predigerfamilie Picht führt es nicht.

23) M. Cornelius Prusinus, Professor, d. I. Thaler.

Das Wappen des Prof. Prusinus konnte ich nicht nachweisen.

24) Hans Völkkow, ciuis Gryphiswaldensis, d. I. Thaler.

Ihm gehört das Wappen mit der Hausmarke und den Anfangsbuch: staben H. F. in der unteren Reihe des ersten Scepters. Der Gebrauch des F. für V. kann nicht auffallen, da beide Buchstaben oft auf derselben Seite in Urkunden wechseln.

25) Erasmus Husen, Archiquaestor prouinciae, argentum nomine Principis nobis tradidit et auxit.

Auch das Wappen des E. Husen ist mir nicht bekannt, und ist unter den 6 unerklärten Wappen zu suchen, von denen Nr. 1. 2. drei Rosen, 3. 4. zwei Sporen und eine Rose, 5. eine halbe Lilie mit vier Quer: balken, 6. zwei Löwen in getheilten Schilden enthalten. Wir haben auf diese Art den Herzog und den Bischof mit je 4 und 23 Personen mit 1 Wappen, zusammen 31 Wappen. Da sich an den Sceptern, mit dem 1 fehlenden, 32 befunden haben, so ist es möglich, daß unter den 6 Unbekannten sich entweder auch das Wappen der Dorothea Glineke, der Witwe des Dr. Stolentin befand, oder daß 2 Wappen von Einem der Geber angeheftet wurden. Wie schon bemerkt, zeigen mehrere der 6 unbekannten Wappen dieselben Formen.

Horum omnium insignia duobus minoribus sceptris adfixa sunt.

~~~~~~~

Rubenows Bibliothek
unter den Handschriften der Nikolaikirche zu Greifswald.

Außer zahlreichen Vermächtnißen und Schenkungen, welche in den Annalen, im Universitätsdiplomatar und am Anfang des Albums verzeichnet sind, bestimmte Rubenow in einer Urkunde [35] seine sämmtlichen Bücher zu einer Bibliothek der Juristischen Fakultät,

---

85. Vgl. die Schenkungsurkunde vom 11. Novbr. 1456 im Universitäts-archiv IV. 31, im Universitätsdiplomatar Nr. 10 p. 210, mit Rubenows eigenhändiger Ueberschrift und Randbemerkungen. (Kosegarten II. p. 39. Nr. 19.). Die oben p. 118 mit gesperrter Schrift gedruckten Worte Rube: nows sind seine eigenen Worte am Schluße dieser Urkunde.

und verzeichnete diese Schenkung unter Anderen eigenhändig in den Annalen der Universität p. 1. mit folgenden Worten:

Hinricus Rubenow dedit universitati in dotem — omnes solemnes suos libros in valore mille florenorum et ultra.

Die betreffenden Worte im Universitäts-Album I. p. 1. lauten:

In testamento meo alia adhuc dare intendo etiam cum omnibus libris meis, quos tamen pro mille florenis nulli darem.

Die Worte der oben erwähnten Schenkungsurkunde selbst lauten:

If gheve deme studio alle myne boke, textualia unde lecturen, summen unde serternen, bunden unde unghebunden, watterleye se syn unde in wat kunst, de scholen denen to ener librarien der juristen na lude mynes testamentes. — An alle boke hinden unde vor schal me myn tertscrift scriven laten, dat it se gheven hebbe to ener dachtniße.

Außerdem gibt Rubenow in dieser Urkunde [36] noch mehrere Regeln über die Verwaltung der Bibliothek: 1) Kein Buch soll verkauft werden, wenn nicht ein Beßeres dafür wieder gekauft wird. Auch in dieses soll dann Rubenows Name geschrieben werden. 2) Kein Buch soll außerhalb der Stadt verliehen werden. 3) Wer innerhalb der Stadt ein Buch leiht, soll ein Pfand dafür geben.

Was aus dieser Bibliothek Rubenows, auf die er, nach den erwähnten Urkunden zu schließen, so hohen Werth legte, geworden ist, darüber ist bis jetzt keine sichere Kunde gegeben worden. Unsere älteren Urkunden und Aufzeichnungen in den Annalen und im Album berichten Nichts über dieselbe. Dies erklärt sich daher, daß die Fortsetzung der Annalen nach Rubenows Tode in den folgenden dreizehn Jahren unterblieb, und daß das Album und das Dekanatbuch der Philosophischen Fakultät in dieser Zeit ebenfalls lückenhaft

---

36. Das in der Urkunde erwähnte Testament Rubenows ist nicht mehr erhalten, das im Memorabilienbuch des Stadtarchivs VII. f. 2. (Koseg. II. p. 116.) erhaltene Testament von Rubenows Gattin erwähnt diese Bücher nicht. Textualien enthalten den Text der Gesetze, Lecturen sind Vorlesungen über dieselben, Summen Uebersichten und Erklärungen derselben, Sexternen Schriften kleineren Formats, im Gegensatz zu dem gewöhnlichen Folioformat der übrigen, die auch einer andern Wißenschaft, als der Juristischen angehören konnten, da Rubenow oben sagt, daß er Bücher von jeglicher Kunst der Juristenfacultät vermache. Textschrift ist eine große Fracturschrift. (Vgl. Koseg. II. p. 41.)

sind. [37] Diejenigen Bücher, welche Aufzeichnungen über die Biblio=
thek enthalten mußten, namentlich das Dekanatbuch der Juristischen
Fakultät und die von Rubenow selbst verfaßten Statuten derselben,
sind verloren. [38]

Die erst nach der Restauration in der Protestantischen Zeit 1539
errichtete, jetzt bestehende Universitätsbibliothek enthält, wie das von
Dähnert mitgetheilte Verzeichniß ihrer Handschriften ergibt, [39] keine
Handschriften aus dieser Zeit. Deßhalb haben sowohl Dähnert als
auch Engelbrecht [40] behauptet, daß diese Bücher verloren gegan=
gen sein müßten. Jedoch schon Augustin v. Balthasar und Gade=
busch [41] sprechen die Vermuthung aus, daß die von Rubenow
geschenkten Bücher in der Bibliothek der Nikolaikirche zu Greifswald
enthalten seien Wenn Biederstedt diese Vermuthung für unrichtig
erklärt und zugleich die Anzahl Juristischer Handschriften der Kirchen=
bibliothek eine geringe nennt, so hatte er nur eine sehr oberflächliche
Kunde von diesen Handschriften, ebenso wie Mühlenbruch, welcher
dieselben in der Zeit, als er 1818 Professor in Greifswald war,
untersuchte, und die meisten als werthlos bezeichnete. [42] Mühlenbruch
beurtheilte diese Schriften nämlich nur von ihrem allgemeinen juri=
stischen Werth, nicht aber vom speciellen Gesichtspunkte ihres
Ursprungs. [43] Ueber letzteren war er auch insofern im Irrthum,
als er vermuthete, daß manche dieser Handschriften den Vorlesun=
gen von Petrus und Vincentius von Ravenna ihren Ursprung verdanke,
die Mehrzahl derselben aber von unbekannten Verfaßern herstamme.
In Rücksicht ihres Ursprungs wurden mehrere Bände derselben

---

37. Annal. p. 37. Koseg. II. p. 180. Album. fol. 16. Decanatb. fol. 6.
Rosegarten II. p. 207. p. 208.

38. Annal. p. 31, wo Runge eine Bemerkung über diesen Verlust hin-
zufügt, (Rosegarten II. p. 177. I. p. V.)

39. Dähnert Pomm Bibl. I. p. 130—135. p. 161—164. p. 185--187.
Rosegarten I. p. 228, 234.

40. Dähnert Pomm. Bibl. I. p. 101. Engelbrecht Consultat. Juris-
consultorum Gr. 1741 Vorrede p. 4.

41. Aug. Balthasar vita Rub. p. 5. Gadebusch, Schwed. Pommersche
Staatskunde II. p. 175.

42. Biederstedt Denkwürdigkeiten der Nikolaikirche 1812 p. 19. Nachrichten vom Leben Neuvorpomm. Gel. 1824. I. p. 1. Beiträge zur Geschichte
der Kirchen und Prediger in Neuvorpommern IV. p. 21—23.

43. Siehe die Berichtigung hierüber unten p. 34.

von Kosegarten untersucht und namentlich die Vermuthung ausge=
sprochen, daß die von Rubenows Freunde, dem Professor Georg
Walter nach dessen Tode 1475 der Universität vermachten Bücher
in der Bibliothek der Nikolaikirche enthalten seien. [44] In den An=
nalen p. 48 heißt es:

**Sollemne testamentum fecit, in quo donavit
facultati juridicae omnes suos libros.**

Da demnach eine gründliche Kenntniß der Handschriften der
Nikolaikirchenbibliothek fehlte, so untersuchte ich dieselbe genauer und
wurde mir die Einsicht in dieselbe durch die Güte des Herrn Biblio=
thekars, Pastor Biesner dergestalt gewährt, daß ich die Handschrif=
ten auf längere Zeit im Hause benutzen konnte.

Die Bibliothek befindet sich hinter dem Altar der Kirche auf
einem offenen Chor, zu dem man auf einer Wendeltreppe hinaufsteigt,
in Schränken und enthält gegen 2000 Bände, darunter etwa 100
Bände Handschriften und viele sehr alte Drucke aus dem funfzehnten
Jahrhundert, unter ihnen mehrere aus Peter Schöffers und Anton
Coburgers Officin. In einem Acten=Schrank der Bürgermeister=
capelle [45] (auch Rathsstuhl genannt), welche an der Südseite der Kirche
in der Nähe des Thurms liegt und außerdem noch einem Camin
und zwei alte Wandschränke aus Rubenows Zeit mit doppelten
Thüren und merkwürdiger alter Schloßerarbeit enthält, in welcher
früher die Urkunden der Universität und Nikolaikirche aufbewahrt
wurden, [46] fand ich einen alten Pergamentband, welcher Nachrichten
über die Bibliothek von 1613—1784 enthält. Nach diesen wurde
1686 ein neuer Gesammtcatalog auf 8 Bogen und 1700 ein
alphabetischer Catalog angefertigt, die aber nicht mehr vorhanden sind.
Die Handschriften der Kirchenbibliothek zerfallen in drei Classen:

I) Theologische Handschriften.

Diese, etwa 60 Bände, stammen theils aus der Theologischen Univer=
sitätsbibliothek, theils aus Kirchen und Klöstern der Stadt Greifswald

---

44. Kosegarten I. 94. II. p. 186.

45. Genauer beschreibt dieselbe Capelle, welche auch armarium hieß,
l'althen historia ecclesiae collegiatae S. Nicolai Gr. 1704 in Balthasar
Samml. zur Pomm. Kirchenhist. II. p. 849. Koseg. II. p. 62. Gesterb. I. p. 179.

46. Vgl. Koseg. I. p. 66. II. p. 33. Urk. 16. Art. 16.

und der Umgegend, namentlich aus dem schwarzen Kloster, da eine Menge Bücher die Beischrift: liber conventus ordinis praedicatorum. enthalten. Das schwarze Kloster wurde nämlich von Dominikaner oder Predigermönchen bewohnt. Andere stammen wohl aus dem Kloster Eldena und dem hiesigen grauen oder Minoritenkloster, in dessen Kirche Rubenow und seine Gattin beerdigt waren. Zu den Büchern des letzten Klosters gehört auch wohl das von Katharina Rubenow 1484 geschenkte Buch, in dem von unbekannter Hand geschrieben steht (minio-scriptura legitur in fine libri):[47]

Dit Boek heft gegeven, der men screef mcccclrrriiii, tho ener ewighen dachniffe de ewerdighe Katherina, na gelathen husfrouwe dni doctoris Hinrici Rubenowen, Vorgermeyster tho demme Gripeswolde, doctor in beiden rechten, de jammerlike wart det geslaghen op nnen jaers avende, do men screef mccccelrii. Alle, de ut deffenen Boke studeren, efte lefen, de bidden God vor er en Pater noster — Ave — Requiescat in pace.

Im Jahr 1599 wurden die Bücher des grauen Klosters inven= tirt und in die Nikolaikirche gebracht.[48] Wir erwähnen ff.:

1) Picta Nicolai de Gorra sup. Lucam Evangelistam, comparata a Her- manno Sthuppellenberg, 1383. 2) H. Hoghehus; historiae et legendae, 1391. 3) Opera Jacobi de Voragine. 4) Opera Bonaventurae. 5) Opera Gersonis. 6) Opera Jsidori. 7) Monita de verbis Jsidori et sermones fratris G. Her- liacensis, 1390; schön geschrieben mit prächtigen Initialen. 8) Joh. Wallenfis communiloquium de republica universali et Jacobus Laudun. ep. or. de condem- natione Joh. Huss. et Hieronimi. 9) Petri Lombardi liber sententiarum. 10) Compendium vitae St. Francisci. 11) Vitae St. Bernardi aliorumque sanctorum. 12) Gazophylacia spiritualia libri Cantici Canticorum. 13) Wych- mann Kruse, Erpofitio psalterii. Dieses Buch wird der Theologischen Fakul- tät angehört haben, da Kruse Professor der Philosophie und Theologie in Greifswald war. (Vgl. Kofeg. I. 145. 168. 179. Album f. 120. 121. Dec.: Buch der Phil. Fac. f. 75—77., wo er und der Abt Enwaldus Schinkel von Eldena im Jahr 1513 als Rectoren aufgeführt werden.) Die Ver- gleichung des Albums und Dekanatbuchs beweist, daß die Erpofitio psalterii und mehrere beigebundene Promotionsreden und commendationes des Abts von Eldena von Wychmann Kruse geschrieben sind.

---

47. Vgl. Biederstedt Sammlung Kirchl. Verord. 1816—1819 II. p. 234. Kirchner Baltische Studien 1854. XV. 2. p. 160.

48. Vgl. Gadebusch Schwed. Pomm. Staatskunde II. p. 115. Bieder= stedt Denkwürdigkeiten der Nik. Kirche zu Greifsw. 1812. p. 19. Gesterd. Beitr. zur Gesch. d. Stadt Greifsw. I. p. 179. 181.

14) **Opera Augustini** mit Randbemerkungen von Wychmann Kruse, welches wohl ebenfalls der Universitätssammlung angehörte.

II. Philosophische Handschriften. D.I—IX.

Diese, etwa 12 Bände, stammen theils aus den Klöstern, wie dies durch Beischriften in mehreren Büchern **liber conventus ord. pred.** bezeugt ist, theils aus der von der Philosophischen Fakultät, bald nach der Stiftung der Universität, unter Rubenows zweitem Rectorat 1459 angelegten Bibliothek. Ueber die Anlage dieser Sammlung, als deren Lokal das **Collegium majus artistarum** bezeichnet wird, berichten die Annalen p. 21. Rubenow und die Prof. Steffani, Parleberg und Deganß schenkten mehrere Bücher, Rubenow auch zum Einbande **xxiiii lathenas bene praeparatas.**

Ein Verzeichniß derselben unter dem Titel: **Registrum librorum facultatis artium studii Gryph.** steht im Dekanatbuch **fac. art. f. 33.** (Koseg. II. p. 232—234) und enthält 74 Bände. Dasselbe ist nicht zu einer und derselben Zeit, sondern nach und nach in verschiedenen Absätzen angelegt, und der Anfang wahrscheinlich von den Professoren Johannes Lamside und Magister Theoderich Steffani de Colbergh geschrieben, wie man aus der Vergleichung mit deren Aufzeichnungen im Album f. 18 u. 19 und im Dekanatbuch f. 1—5 f. 7. 8. 11. 12. 15. annehmen kann. Die erste Aufzeichnung wohl von Lamsides Hand, geht von Nr. 1—19, **liber parous papireus de quolibet,** die zweite von Nr. 20—33, **lectura metaphysice in papiro,** die dritte von Nr. 34—44, **liber teutonicalis.** Bis hierher scheinen die Aufzeichnungen von M. Steffani de Colbergh's Hand geschrieben zu sein. Für diesen ersten Theil der Sammlung waren wohl die von Rubenow geschenkten 24 Ketten bestimmt. Von Nr. 45 wechseln die Hände von Lud. Großwyn, Petrus Lüder, Petrus Sartoris, Johann Weteken, Petrus Ruft de Mostock[49] in kürzeren Aufzeichnungen von Nr. 45—50; 51—53; 54; 55—56; 57—59; 60—68; 69—73; 74. Von diesen 74 Büchern enthalten die Mehrzahl specifisch philosophische Schriften: Texte und Commentare zum Aristoteles, Lecturen über Physik, Metaphysik und Logik, eingetheilt in: **vetus ars, nova logica, priora et posteriora.**

---

49. Dieselben Hände wechseln auch in **registrum clenodiorum ac utensilium fac. art.** im Dekanatbuch f. 39. Auch diese wurden unter Rubenows zweitem Rectorat 1459 angeschafft. Vgl. Ann. p. 22. Koseg. II. p. 170. 235.

Außerdem enthalten Nr. 34, 35, 37, 41, 42, 74. Theologische Schriften, unter diesen Nr. 41. Expositio cantica, welche sich auf der Kirchenbibliothek findet, und von Lamside's oder Steffani's Hand geschrieben zu sein scheint; Nr. 27. 30. 31. 36. 46. 47. Medicinische, wahrscheinlich ein Geschenk des oben erwähnten Professors der Medicin Nikolaus Degantz;[50] Nr. 13. 28. 51. 55. Mathematische; Nr. 43. 44. Juristische und Nr. 25. 26. 64. Grammatische Bücher. — Nr. 49. ist von Prof. Lamside's Hand geschrieben und Nr. 50 von Parlebergs Hand, zu der Zeit, da er noch der philosophischen Fakultät angehörte, denn erst 1461 geht er zu den Juristen über; Nr. 69—72 sind spätere Geschenke Parlebergs;[51] Nr. 73 wahrscheinlich ein Geschenk Georg Walters, von dem aber nur der Vorname angegeben ist.

Von diesen Philosophischen Handschriften finden wir folgende auf der Kirchenbibliothek wieder, welche wir namentlich aufzählen:

Nr. 33. lectura metaphisicae in papiro, enthält Vorlesungen von M. Nicol. Amsterdam; (vgl. ob. p. 3.) ihnen ist ein Verzeichniß der damaligen Theologischen und Philosophischen Litteratur beigegeben. Von dieser Handschrift besitzt die Kirche ein Duplikat v. J. 1429, zusammengebunden mit einem Buch des Prof. Joh. Wetelen von Hamburg, welches u. a. Alberti Magni Physica und Tabulae Alfonsii (Vgl. Decanatb. Nr. 13) enthält.

Nr. 58. Expositio metaphisicae, wahrscheinlich von M. Theob. Steffani de Colbergh geschrieben.

Diese beiden Handschriften Nr. 33 u. 38 sind mit 5 anderen zusammengebunden: M. de Colbergh, de materia conceptuum Leipzig 1436; Quaestiones Buridani metaphisicae; Thomas de Aquino, de ente et essentia et de genere; Positiones quaestionum quodlibetariarum in universitate Lipsiensi 1445, rectore Schimmelpfenning, decano Joh. Weiße, enthält 28 positiones, unter ihnen neun von M. Theob. Steffani de Colbergh.

Nr. 60. Commentum Dorp, enthält VIII tractatus Mag. Joh. Dorp, commentatoris Buridani de arte vetere et nova logica.

Nr. 5. Lectura bona et compendiosa super novam logicam, sehr schön geschrieben, enthält syllogistische Figuren und einen arbor, welcher eine Entwickelung der Philosophie darstellt. Diese beiden Handschriften Nr. 60 u. 5 sind mit: Francisci de Maironis prologus de unitate scientiae, in sehr

---

50. Ann. p. 21. Roseg. I. p. 105. vgl. oben p. 32.

51. Die anderen oben p. 32. erwähnten Geschenke Parlebergs an die Bibliothek sind nicht bezeichnet und stammen wohl ebenfalls aus der Zeit, da er von der philosophischen Fakultät zur Juristischen überging.

schöner Schrift mit gemalten Initialen v. J. 1473 und einem alten Druck Ga-
sparini Barzizii epistolae CLXV ad filium zusammengebunden.
Nr. 64. Vocabularius in papiro, enthält 482 Blätter, von fol. 1—264
ein lateinisch-plattdeutsches Lexikon, von 165—482 eine alphabetisch geordnete
Grammatik, beides v. Jahr 1461. Von diesem Lexikon besitzt die Kirche
in Duplikat, aber nur f. 1—264, der zweite Theil ist ausgeschnitten.
**Nr. 15. Lectura posteriorum; Nr. 16. Lectura cum quaestioni-
bus posteriorum; Nr. 17. Accurtata super veterem artem; Nr. 52.
Exercitium physicorum cum lectura in papiro; Nr. 59. commentum super physicorum,** finden sich in einem Quartband zusammengebunden
mit mehreren Handschriften des schwarzen Klosters: **Thomas de Aquino,
de ente et essentia; Aristoteles, Topicorum, de anima, de sensu et sensato,**
und zwei alten Drucken: **Aegidii de Roma de ente et essentia und Auctori-
tates Aristotelis,** 1498.

Andere Handschriften, welche sich im Registrum fac. art. nicht finden,
sind: **Albertus Magnus, Nat. IV,** tract. de meteorologicis impressionibus,
mit alten Drucken: **Thomas de Aquino, com. ad Arist.** zusammengebunden;
Aristoteles, Physicorum und de anima 1473 oder 1493, **Alanus de Rupe, de
laudibus Thomae de Aquino; Tractatus de intentionibus.**

Alexander de Villa Dei, Doctrinale, eine Grammatik in Versen mit Er-
klärung derselben, 1478.

III. Juristische Handschriften.

A. Walter-Parlebergsche Sammlung (1—5. A. I—V.)

Diese besteht aus Büchern von Georg Walter, Doctor und
Professor des canonischen Rechts, † 1475, so wie von Johannes
Parleberg, Doctor und Professor beider Rechte, † 1483.

Beide bekleideten das Amt eines Ordinarius der Juristenfacultät und hatten als solche die Annalen der Universität zu führen.
Walter unterließ dies aus einem nicht angegebenen Grunde von
1462—1475, weshalb Parleberg die aus dieser Zeit fehlenden Aufzeichnungen ergänzte und dann die Annalen nach Walters Tode
1475—1482 fortsetzte[52]. Georg Walters Bücher sind abwechselnd von Beiden geschrieben, nur Band A. I. ganz von Walters und
Band A. V. von Parlebergs Hand. Man erkennt dies theils aus
Randbemerkungen, namentlich am Schluße der einzelnen Schriften,
theils aus Vergleichung mit ihren Aufzeichnungen in den Annalen
und im Universitätsalbum. In zwei Bänden findet sich auch eine

---

52. Annal. p. 37. p. 38—63. Koseg. II. p. 180. p. 181—194.

dritte Hand, deren Schreiber wahrscheinlich Parlebergs Verwandter Johannes Mordorp war. Ein als Verfaßer der Decretalenvorlesung A. II. fol. 279 angeführter Theodoricus wird der bekannte Jurist Theodorich Zukow[53] sein, der früher in Rostock, später in Greifswald nachweislich bis 1468 thätig war. Er ist der einzige Jurist, der Theodorich heißt und lehrte das canonische Recht, wie der fragliche Theodorich. Auch stimmt die Jahreszahl 1465, welche fol. 279 bemerkt ist, sehr wohl zu dieser Annahme.

Walter vermachte alle seine Bücher der Juristenfacultät[54], von denen wir einige in der Bibliothek der Nikolaikirche wiederfinden. Von Parleberg ist ein gleiches Vermächtniß kaum anzunehmen, da sein Nachfolger Joh. Meilof in Band A. IV. fol. 1. bemerkt, daß er zwei Bücher von Parlebergs Testamentsvollziehern gekauft habe.

Zu den Walterschen Büchern gehören: A. I. 1) Barthol. Pririensis Quaestiones dominicales et venereales in jure canonico. 2) G. Walter, consilia juris, von Walter geschrieben. A. II. 3) Theod. Zukow u. G. Walter, Commentar zum I. Buch der Decretalen. A. III. 7) u. A. IV. 13) G. Walter, Commentar zum II. Buch der Decretalen, abwechselnd von Walter, Parleberg und Mordorp geschrieben, 1465—1470. A. III. 11) Guillelmi card. tr. de contractu vend. et usur. 12) Rep. de judiciis Peer. II. 1. 7.

Zu den Parlebergschen Büchern gehören: A. II. 4) Indices et repet. ad Decr. von Parleberg 1459 geschrieben. 6) Pergamenturkunde v. J. 1459, betr. Hen. v. d. Lyppen. A. III. 8—10) Promotionsschriften und Reden von Parleberg, 1468 geschrieben. A. V. 14) Commentar zum Coder Justiniani lib. II—III, von Parleberg geschrieben.

B. Meilofsche Sammlung (6—17. B. I—XII.)

Diese besteht aus Büchern des Professor Johannes Meilof, welcher ebenfalls Ordinarius der Juristenfacultät war, und die Annalen von 1482—1483 fortsetzte. Auch Meilof wird ebenso, wie Rubenow und Walter, seine Bücher der Juristenfacultät vermacht haben Die Mehrzahl derselben ist von ihm selbst geschrieben, wie dies aus Randbemerkungen und aus der Vergleichung mit seinen Aufzeichnungen in den Annalen und im Universitätsalbum hervorgeht, einige von seinem Verwandten Paulus de Elvink und zwar meistentheils während seines Aufenthalts in Livland[55]. Mit diesen Handschriften

---

53. Vgl. Kofeg. I. p. 99. II. p. 109. 171.
54. Vgl. Annal. p. 48. Kofeg. II. 186. 1. p. 94. Vgl. oben p. 30.
55. Kof. I. p. 147. und über Meilofs Promotion deffen Bericht in B. IV. fol. 330 (Kof. II. p. 198).

sind aber eine Menge älterer Handschriften zusammengebunden, welche mit Randbemerkungen von Meilofs Hand versehen sind, unter diesen mehrere Commentare über die Institutionen und den Codex Justiniani und die Decretalen von Hermann Phibbe, Professor in Rostock v. J. 1447 und von Hermann Jobe aus Rostock v. J. 1425, ferner 260 Urkunden u. mehrere Handschriften, von denen einige, von sehr hohem Alter, aus Rubenows Bibliothek stammen mögen. Kosegarten bemerkt I. p. 147, Meilof habe noch bis 1492 gelebt. Er lebte aber noch mehrere Jahre später, wie dies aus Schriftstücken hervorgeht, die nach d. J. 1498 von ihm abgefaßt sind. Auch hat er schon alte Drucke im Besitz gehabt. Theils sind dieselben, unter ihnen die goldne Bulle vom Jahr 1477 und **Eltus Livius de Frulevisiis, de ortho-graphia** und **Antonius Liber, epist. famil.** mit Handschriften zusammengebunden, theils für sich abgesondert und mit Randbemerkungen von ihm versehn, wie Joh. de Balbis de Janua, Summa Catholicen und Guidonis Archidiaconi Bononiae, Rosarium decreti mit Minia-turen, beide in Riesenfolio[66]. .

Meilofs eigene Schriften enthalten einen Text der Institutionen, 3 Bände Commentare zum Civilrecht in Folio, 4 Foliobände und 3 Quartbände zum canonischen Recht, darunter ein juristisches Lexikon. Die Urkunden bilden 2 Foliobände, einige sind abgedruckt, bei Brockmann, Vom Bischöflichen Official, Greifswald, 1784 u. in Gadeb:sch, Pomm. Samml. I. p. 278 ff.

C. Rubenowsche Sammlung (18—23. C. I—VI.)

Diese besteht aus mehreren Handschriften von älterem Ursprung, als die vorgenannten, die theils abgesondert, theils mit jenen zusam-mengebunden sind, unter ihnen eine auf Pergament.

Es ergab sich also, daß die oben erwähnte Behauptung Müh-lenbruchs, die Verfaßer der juristischen Handschriften ließen sich nicht ermitteln, unrichtig war, da sich mit wenigen Ausnahmen Verfaßer und Schreiber derselben nachweisen ließen. Auch die von ihm aus-gesprochene Vermuthung, die Mehrzahl derselben möchte ihren Ur-sprung den Italienischen Juristen Petrus und Vincentius von Ravenna verdanken, war eine irrige, da die Handschriften in die Jahre 1425

---

66. Ein Verzeichniß von 85 dieser alten Drucke findet sich in Dachnerts Pommerscher Bibliothek I. p. 177—180, unter ihnen: Petrus von Ravenna de immunitate ecclesiarum, Lübeck 1499. Biederstedt, G. d. Nik. p. 69.

bis 1498, also vor die Ankunft der beiden berühmten Italiener fallen, welche erst 1498 von Bogislaw X. nach Greifswald berufen wurden und ihre Schriften schon gedruckt herausgaben, wie uns das schon erwähnte Buch des Petrus de Ravenna de immunitate ecclesiarum, Lübeck 1499. zeigt.

Schwieriger als Ursprung und Verfasser der Handschriften ist aber die Frage zu ermitteln, wie die Bibliothek der Universität in den Besitz der Nikolaikirche kam. Da die Bibliothek der philosophischen Facultät nach Rubenows Aufzeichnung in ihrem Amtsgebäude (collegium majus artistarum) eingerichtet war, so läßt sich demgemäß auch von der juristischen Facultät annehmen, daß ihre Bücher in ihrem Amtsgebäude aufbewahrt wurden und dennoch finden sich mehrere Theologische und eine große Anzahl Philosophischer und Juristischer Handschriften in der Kirchenbibliothek, die jenen Sammlungen angehört haben.

Hierüber gibt uns eine Anmerkung des Prof. Jac. Gerschow[57] im Universitätsalbum I. fol. 142 eine Andeutung, indem er berichtet, daß in der Zeit der durch die Reformation hervorgerufenen Wirren die Universitätsbücher aufs Rathhaus gebracht seien. Unter diesen Büchern sind namentlich die Urkunden, die Annalen, das Diplomatar, die Statuten, die Dekanatbücher und das Album zu verstehn. Es liegt aber auch die Vermuthung nahe, daß in dieser Zeit, in welcher eine völlige Auflösung der Universität stattfand, die Bibliotheken der Artisten und Juristen eine Veränderung erlitten.

Da wir nun wißen, daß die Bücher der Greifswaldischen Klöster in die Nikolaikirche gebracht wurden, so läßt sich auch vermuthen, daß die Universitätsbibliothek, namentlich derjenige Theil, welcher katholische Theologie und Kanonisches Recht enthielt, ebenfalls der Kirchensammlung einverleibt wurden. Die 1539 neuerrichtete protestantische Universität legte gewiß auf diese und namentlich auf den handschriftlichen Theil derselben nur geringen Werth, theils weil sie solcher Werke bedurfte, die für die protestantische Theologie von praktischem Einfluß waren, theils weil die damals schon allgemein verbreitete Buchdruckerkunst die Handschriften überflüßig machte. Da die alten Dekanatbücher und Statuten der theologischen, juristischen und medicinischen Facultät verloren und in der Protestantischen Zeit

---

57. Koseg. I. p. 180. p. 248. Balt. Studien XVI. 2. p. 174.

durch neue erſetzt ſind, ſo läßt ſich auch annehmen, daß die Mehr=
zahl der alten Univerſitätshandſchriften verloren gegangen ſind. Wir
finden Mediciniſche Werke gar nicht, Theologiſche nur wenige, Phi=
loſophiſche etwa 20, Juriſtiſche 140 und 260 Urkunden.
Da nun nirgends über das Schickſal von Rubenows Bibliothek
etwas berichtet iſt, ſo liegt die Vermuthung nahe, daß die älteren
juriſtiſchen Handſchriften der Kirchenbibliothek, welche nicht aus
Walters, Parlebergs und Meilofs Beſitz ſtammen, im Beſitz Rube=
nows waren. Schon Balthaſar und Gadebuſch haben dieſe Ver=
muthung ausgeſprochen. Wenn man dagegen anführt, daß der Name
Rubenows nicht in den Büchern geſchrieben ſtehe, wie er in der
Schenkungsurkunde angeordnet, ſo läßt ſich dieſer Einwand leicht
widerlegen. Rubenow ſtarb eines unvermutheten, gewaltſamen Todes,
dem ſowohl bei der Stadt, als auch bei der Univerſität ein Still=
ſtand in der Verwaltung folgte. So iſt im Stadterbebuche (Memora=
bilienbuch, 17, f. 4 v.) 1463 eine Lücke. Das Univerſitätsalbum ent=
hält bei den Rectoraten von Heinrich Bukow und Hermann Slup=
wachter vom Jahr 1463 keine Aufzeichnungen, nur Parleberg hat
Notizen über die Vorfälle des Jahres ſpäter hinzugefügt. Auch das
Dekanatbuch der Philoſophiſchen Facultät fol. 6 enthält keine Auf=
zeichnungen, nur eine ſpätere Notiz über Rubenows Tod. Georg
Walther verſäumte ſogar von 1462—1475, alſo durch 13 Jahre, die
Annalen fortzuſetzen. Aus dieſem Grunde kann auch die Einzeich=
nung von Rubenows Namen in ſeine Bücher unterblieben ſein. In
den übrigen Büchern ſteht ebenfalls kein Name, nur zweimal iſt
eigenhändig Meilofs Name einmal vorn im Buche, einmal auf dem
Deckel der Rückſeite eingeſchrieben, jedoch ganz flüchtig als eine per=
ſönliche Notiz über den Ankauf. (Vgl. A. IV. p. 1. u. B. I.)
Außerdem bemerkt Rubenow, ein Theil ſeiner Bücher ſei un=
gebunden. In ſpäterer Zeit ſind wahrſcheinlich nicht allein dieſe,
ſondern auch die gebundenen Handſchriften, deren Einband ab=
genutzt war, mit andern Büchern zuſammengebunden, um die
Koſten der ſehr ſchönen Pergament= und Lederbände zu verringern.
Die Bände der Kirchenbibliothek enthalten nämlich wenigſtens
3—5, oft 10—12 zuſammengebundene Handſchriften, meiſt ver=
wandten, oft aber ſehr verſchiedenartigen Inhalts und aus ſehr
verſchiedener Zeit. Wahrſcheinlich hatte der Ordinarius der Juriſten=
facultät auch die Aufſicht über die Bibliothek; es läßt ſich dies na=

mentlich deßhalb vermuthen, weil die Mehrzahl der Bücher des Vor=
gängers mit Randbemerkungen des Nachfolgers in diesem Amte ver=
sehen sind. Namentlich findet sich Meilofs Hand sehr häufig. Auch
rührt wohl die jetzige äußere Gestalt und Eintheilung der Hand=
schriften von Meilof her, da der Einband der juristischen Bücher mit
Einer Ausnahme ähnliche Formen und Verzierungen hat.

Von Rubenows Handschrift findet sich, soweit sich dies
aus der Vergleichung mit seinen übrigen Aufzeichnungen schließen
läßt, in der Kirchenbibliothek Nichts. Sowohl die Urkunden des
Universitätsarchivs, die Annalen von p. 1—37, das Universitäts=
album, I fol. 6 recto und fol. 12 verso, das Register, die Unter=
schriften und Randbemerkungen im Universitätsdiplomatar p. 133—
417, als auch die Urkunden im Memorabilienbuch des Rathhauses
VI. fol. 52 und 54 zeigen fortwährend dieselbe regelmäßige, kräftige
Handschrift und die gleichen Abkürzungen, die wir unter den Hand=
schriften der Kirchenbibliothek vermißen.[58]. Der Vergleich mit
älteren aus den Klöstern stammenden Handschriften vom Jahr
1390 zeigt uns, daß Rubenow eine Hand schrieb, wie sie damals
den Klostergeistlichen eigenthümlich war; auch Georg Walter schreibt
noch eine ähnliche regelmäßige Hand, während Parleberg schon flüch=
tiger und moderner, Meilof endlich eine sehr häßliche, fast unlesbare
Hand schreibt. Rubenow schrieb langsam und regelmäßig,
mußte also bei seiner ausgedehnten Thätigkeit seine schriftstellerische
Beschäftigung beschränken, und daher seine Bücher von Anderen schreiben
laßen. Seine Collegienhefte scheinen verloren gegangen zu sein oder
gelangten in den Besitz seiner Stralsunder Verwandten Dr. Rönne=
garwe, Zabel Oseborn und Heinrich Schuting und mögen
in Stralsunder Bibliotheken verborgen sein.[59]

Eine Uebersicht einer juristischen Bibliothek jener Zeit erhalten wir
aus einem Pergamentfragment, welches als Makulatur auf den Deckel

---

58. Nur in einer Handschrift der Verhandlungen des Coßnitzer Concils
findet sich fol. 113 und 178 eine ähnliche Hand, wie sie Rubenow schrieb.
Mehrere ältere Handschriften auf Pergament, die Rubenows Handschrift
enthalten mochten, sind aus der Kirchenbibliothek entwendet.

59. Vgl. Kof. II p. 116, 117 u. d. ausführlichen Catalog der Stral=
funder Rathsbibliothek Stralfund 1829. Vorr. p. 25, wo die Manuscripte,
unter ihnen ein Pandectencommentar des Baldus angeführt werden; p. 31
bis 36 enthalten eine Aufzählung der alten Drucke, alphabetisch geordnet.

der Handschrift 23 C. VI. geklebt war nnd von mir abgelöst und
mit Schwefelammonium lesbar gemacht wurde. Dasselbe enthält in
kleiner Minuskelschrift ein Verzeichniß von ff. 40 Handschriften: [60]
1) — noviſſimarum. 2) — noviſſimarnm per Garſiam. 3) Summa
Hoſtienſis, lib. I—V. (Sav. Nr. 1.) 4) Apparatus Innocentii.
(Sav. Nr. 3.) 5) Lectura Petri Sampſonis. 6) Summa Archiepis-
copi, lib. I—V. (Sav. Nr. 2.) 7) Summa Gofredi. (Sav. Nr. 13.)
8) Caſus Decretorum cum hyſtoriis. (Sav. Nr. 17.) 9) Caſus Decr.
cum Pnnocentianis. (Sav. Nr. 16.) 10) Summa Azonis ſuper Co-
dicem, Inſtitutiones et Extraordinar. (Sav. Nr. 78.) 11) Summa
Autenticarum. 12) Summa titulorum librorum Codicis. 13) Specu-
lum domini Duranti Guilielmi. (Sav. Nr. 4.) 14) Additiones domini
Odofredi ſuper ſummam Azonis. 15) Summa feudorum 16) Libellus
Roffredi in jure civili. (Sav. Nr. 77.) 17) Libellus Roffredi in jure
canonico. 18) Libellus Egidii. (Sav. Nr. 23.) 19) Quaeſtiones Pylei.
(Sav. Nr. 90.) 20) Quaeſtiones Bartholomaei Brixienſis. (Sav. Nr. 35.)
21) Quaeſtiones doctoris juris civilis. 22) Quaeſtiones doctoris
in jure canonico. 23) Brocardica Azonis. (Sav. Nr. 89.) 24) Brocardica Damaſi. (Sav. Nr. 38.) 25) Caſus Inſtitntionum. 26) Caſus
Summ. librorum Codicis. 27) Libellus Tancredi. 28) Summa
Tancredi. 29) Dispenſationes Johannis de Deo. 30) Diſtinctiones
Johannis de Deo. 31) Poenitentiarius Johannis de Deo. 32) Ca-
villationes Johannis de Deo. (Sav. Nr. 33.) 33) Libellus Johannis
de Deo. 34) Paſtoralis Johannis de Deo. (Sav. Nr. 50.) 35) Per-
fectio Azonis. 36) Albericanum. 37) Summa Rolandini. (Sav. Nr. 102.)
38) Aurora ejusdem. 39) Autenticae Codicis. 40) Margaritae
Bernardi. (Sav. Nr. 31.)

Diese Bücher sind nach ihrer Größe in quaternis und peciis
bestimmt, von denen der quaternus eine Lage von 4 Foltobogen,
die pecia die Columnen der Seiten und zugleich eine Lage von
2 Foliobogen bezeichnet. Bei den meiſten ist auch die gewöhnliche,
mit dem bei Savigny[61] abgedruckten Catalog der Bologneſer Buchhändler übereinſtimmende Taxe nach Quaternen angegeben, so bei
Nr. 34, Paſtoralis Joh. de Deo: II. quat.; tar. in IIII. quat. --

---

60. Die beigeſetzten Zahlen beziehen ſich auf einen bei Savigny,
Geſchichte des Röm. Rechts im Mittelalter 1822, III. p. 601—605 abgedruckten Catalog von 116 Büchern, welche die Buchhändler (stationarii)
in Bologna vorräthig haben mußten.

61. Vgl. Savigni Geſch. des Röm. Rechts 1822. III. p. 536. p. 601.

Man erkennt hieraus, daß die Anfertigung dieses Catalogs den Zweck
hatte, den Werth der Bibliothek nach den Kosten des Abschreibens
zu bezeichnen, und daß deshalb die Zahl der gelieferten Papierlagen
mit der gewöhnlichen Größe der Handschriften verglichen wurde. —
Die unter Nr. 21. und 22. angeführten Quaestiones doctoris
in jur. civ. et can. können die Abhandlungen des unter Nr. 20. vor=
hergehenden **Bartholomaeus Briticusis** sein, welche 1570 in Cöln
erschienen. Es ist aber auch möglich, daß die Schriften des
Mannes gemeint sind, welchem die Bibliothek gehörte, und daß der
Abschreiber diesen nur mit dem Titel bezeichnete und den Namen
als bekannt voraussetzte und wegließ. Nehmen wir das Letztere an,
so liegt die Vermuthung nahe, daß der fragliche doctor Rubenow
sei und daß das vorliegende Verzeichniß die Bücher der juristi=
schen Facultät zu Greifswald aufzählt und nach ihrem Werthe und
ihrer Eintheilung bestimmt und mit der in Bologna üblichen Taxe
vergleicht. Diese Vermuthung gewinnt auch deshalb an Wahrschein=
lichkeit, weil die in dem Verzeichniß vorkommende Eintheilung nach
Quaternen und Pecien von Rubenow selbst in den Annalen ange=
wendet wurde (Vgl. oben p. 19.) und wir daraus sehn, daß sie damals
auch hier in Greifswald üblich war. Auf diese Art wäre uns in
dem p. 40. mitgetheilten Verzeichniß zugleich eine Uebersicht der
Rubenowschen, Walterschen und Parlebergschen Bücher gegeben,
von denen die Mehrzahl verloren, einige aber noch erhalten sind. —
Dazu gehören Nr. 20. **Quaestiones Bartholomaei Briticusis** (1. A. 1.)
Nr. 25. **Casus Institutionum**. 1455. 8. B. III. Nr. 29. **Dispen=
sationes Joh. de Deo** u. A. (18. C. 1. f. 150—159.) Mehrere
Büchertitel sind so allgemein gehalten, daß der Inhalt schwer zu
bestimmen ist. Auch fehlt der Anfang des Verzeichnißes, und dem=
nach eine genaue und vollständige Uebersicht über die Bibliothek.

Von Rubenows eigenen Schriften ist uns außer mehreren Ur=
kunden, welche bei Kosegarten abgedruckt sind (Vgl. auch Palthen
hist. eccl. coll. St. Nic. in Balthasars S. z. Pom. Kirchenh. II.
p. 851) noch eine Rede erhalten, welche er im Jahr 1460 in Gegen=
wart des Herzogs Wartislaw X. und unterstützt durch die Professoren
Georg Walter und Johannes Elzing, bei der Promotion von Her=
man Slupwachter, hielt. Diese Rede ist nicht mehr im Original
vorhanden, sondern in einer Abschrift des Prof. Parleberg, (3. A. III.
p. 200 v. — 203 v.) bei dessen Promotion, durch Prof. Rönnegarwe

im Jahr 1468, sie aus Pietät für Rubenow wiederholt wurde. Wir wißen dies aus Parlebergs Bemerkung am Schluß:

Anno 1460 dominus Henricus Rubenowe u. j. doctor collegit illam collationem pro domino Hermanno Slupwachter, cum qua promovit eum in doctorem decretorum feria secunda post purificationem Mariae; secundum cujus tenorem et modum dominus Gerwinus Hönnegarwe, legum doctor, dominum Johannem Parleberg in legum doctorem, ut supra, promovit.

Die Rede ist 7 Folioseiten lang und enthält 50 einspältig geschriebene Reihen auf jeder Seite. Sie hat nach Art der Predigten ein biblisches Thema, das in allegorischer Wendung auf die Promotion bezogen wird. Als Thema wählte Rubenow nach dem Muster seines Lehrers des Professor Beckelin in Rostock die Worte des Isaak: (Genesis XXVII. 21.)

Accede ad me, ut probem te, utrum sis primogenitus meus, indem er dieselben an seinen Freund Slupwachter richtet, und sie im übertragenen Sinne auf drei Eigenschaften des Promovenden bezieht. Wir hören über diese Wahl des Themas von ihm:

Recolo enim me in tenerrima aetate in alma matre mea inclita Rostedensi universitate a praeceptore et domino meo, egregio viro, domino Hinrico Bekelin u. j. doctore erimio, in aula et collatione insigniorum domini Wilhini Bolen audivisse tunc pro themate verbum istud: Accede ad me, ut probem te, utrum sis primogenitus meus.

Ferner enthält die Rede mehr als hundert Citate aus den Büchern des Römischen und Canonischen Rechts und gibt schließlich eine Ueberficht über:

f. 201.   XX. Conditiones doctorum in jure,
f. 201. v.   XX. Nomina, quibus nominantur doctores juris,
f. 202. v. XXX. Privilegia doctorum juris,
f. 203.   VI. Insignia doctorum 1) Cathedra, 2) Liber, 3) Birretum, 4) Annulus, 5) Osculum pacis, 6) Benedictio.

Dieselbe wurde als Festschrift zum Jubiläum des Burgemeister J. C. Heyn herausgegeben von Brockmann unter dem Titel:

Hinrici Rubenowii oratio 1460 recitata, quum Hermannum Slupwachter juris canonici doctorem renunciaret. Gryph. litteris A. F. Röse 1793.

Diejenigen Handschriften, welche der Wahrscheinlichkeit nach aus Rubenows Bibliothek stammen können, sind folgende:

1—3. **Summa de proceſſu judicii; Recapitulatio libr. decretorum; Regulae juris de libro VI.** auf Pergament, mit **Walter-Parlebergſchen** Handschriften 2. A. II. zuſammengebunden.

4. **Rubenowii oratio 1460 recitata, in Parlebergs Abſchr.** (Vgl. p. 40).

5. **Herm. Jodes Promotionsſchriften (rep. ad decr.) Roſtock, 1425. B. IV.**

6. **Caſus s. discordiis inter regem Daniae Cricum XII, Pom. duc. et duces Sleswicenſes Henricum, Adolfum et Gerhardum, 1423.** Dieſe Schrift mag aus der Zeit ſtammen, als Ru: benow Canzler dieſes Crich war (Vgl. Kof. I. p. 46). B. V.

7—15. **Tractatus de actionibus u. Urkunden u. i. H. Rubenovii receptio G. Walteri in facultatem juridicam 1458.** B. V.

16. **Textus Extravagantium Johannis XXII et communium.** B. VI.

17. **Johann Spull u. j. dr. prof. Colon. obs. ad Decret. IV;** B. VI.

18. **Repetitio de appellationibus.** B. VII.

19—24. Kleinere Schriften oder Sexternen juriſtiſchen Inhalts. B. X.

25—31. Urkunden, u. i. mehrere, welche die Familie v. Behr u. Sthuppellenberg betreffen. B. XI. XII.

Dieſe 27 Handſchriften No. 5—31 ſind mit der Meiloffſchen Sammlung B. I—XII zuſammengebunden.

C. I. 32. **Liber auctoritatum Jurium.** 33. **Tractatus de ſubſtitutionibus.**

34. **Pom. S. Cruczis, repetitiones ad Decretal.**

35. **Gloſſae.** 36. **Oratio pro datione doctoratus.**

Dieſe fünf Handſchriften ſind mit 59 juriſtiſchen Werken zuſammengebunden, welche Alle von derſelben Hand 1458—1461 geſchrieben ſind und vielleicht aus Parlebergs Bibliothek ſtammen.

C. II. 37. **Hermannus de Scildas, Vocabula in jure Canonico.**

38. **De libellis.** 39. **Formae proceſſus.**

40—46. **Obſerv. ad Decretal. et Digeſta.**

47. **Gavido de Columpna, hiſtoria Trojana, libr. XXXV.**

48. 49. **Fragmenta de poteſtate Pontificali et jure feudali.**

C. III. 50. 51. **Obſerv. ad Digeſta VI—XIII.**

C. IV. 52. **Johannes Calderinus, breviarium Decretorum, 1451.**

53. **Ja. Mever, Regiſtrum Decreti.** 64. **Excerpta Bibliae.**

C. V. 65. **Jacobus de Bochis, lectura de IV libro Decretalium Padua, 1428.** In dieſer Handſchrift, welche vielleicht noch in dem alten Einband aus Rubenows Zeit erhalten iſt, beſindet ſich am Anfange Papier mit ſchwarzem Rande, vielleicht auf Rubenows Tod bezüglich und eine Urkunde vom Jahr 146(3).

C. VI. 66. **Decreta Concilii Conſtantienſis et Baſilienſis.** In dieſer Handſchrift beſindet ſich am Anfange das oben p. 40 erwähnte Verzeichniß von 40 juriſtiſchen Büchern mit den Bemerkungen tarat. in peciis et quaternis verſehen, welches wahrſcheinlich den Catalog der Juriſt. Facultätsbibliothek enthält.

Erhaltene Schriftwerke von Rubenows eigener Hand sind:

1) **Urkunden des Universitätsarchivs.**
   Koseg. II. No. 26, 27, 28, 41 und Aufschriften auf den Urkunden
   No. 22, 24, 26, 27, 28, 51, 57.

2) **Urkunden des Stadtarchivs.**
   Diese befinden sich im Memorabilienbuch des Archivs, Theil VI.
   fol. 52, fol. 54 v., fol. 54 v., fol. 50. Vgl. Gesterding, Beitr.
   zur Gesch. der Stadt Greifswald. No. 307. No. 385. No. 387.
   No. 393.

   Im Stadterbebuch (Memorabilienbuch; Theil XIV—XVII) ist Rubenows Hand nicht mit Sicherheit nachzuweisen; im Jahr 1463,
   nach Rubenows Tode, befindet sich, Theil XVII, fol. 4 v. eine Lücke.

3) **Universitätsdiplomatar.**
   Der Text der Urkunden No. 1—76 ist vom Protonotar des Raths,
   sämmtliche Ueberschriften u. Randbemerkungen derselben p. 181—417
   u. das Register dazu p. 133—139 v. Rubenows Hand geschrieben.

4) **Universitätsalbum.**
   In diesem Th. I. fol. 1—12 befinden sich Randbemerkungen von
   Rubenows Hand, namentlich über die Zahl der Rectorate und
   eingeschriebenen Studenten.

   Längere Aufzeichnungen von Rubenows Hand finden sich fol. 6 nach
   der Rückkehr aus der Verbannung von Stralsund, und fol. 11 und
   12 unter seinem zweiten Rectorat, und fol. 12 v., als er dem
   Rector Vitalis Fleck in dessen Abwesenheit substituirt war.

   Die wiederholte Randbemerkung Rubenows fol. 1 und 2: clam evasit
   bei den Namen der Professoren Lupus (Wolf), Lost und Hane
   ist später von Rubenows Feinden ausradirt und dafür hinzugefügt
   bei Lupus: evasit laudabili opinione, bei Lost: ad praesulatum
   Swerinensem evectus, bei Hane: vixit vir probatae vitae.

5) **Universitätsannalen.**
   Diese sind p. 1—37 eigenhändig von Rubenow geschrieben. Sie enthalten die oben erwähnten Verse des Prof. Calenius v. J.
   1564, mit der wir diese Schrift angemessen beschließen:

   Wäre noch unbekannt Dir die Größe von Rubenows Thaten,
   in diesem einzigen Buch ist sie genugsam bezeugt.

Druck der Königl. Universitäts-Buchdruckerei von F. W. Kunike in Greifswald.

Heinrich Rubenow's Denkstein.